ये लाल इश्क़

निधि गुप्ता

क्रम-सूची

क्रम-सूची

प्रस्तावना

"ये लाल इश्क़" मेरी कविता संग्रह है, इस संग्रह में मैंने बहुत सी संयोग-वियोग की कविता लिखी हुई है, मेरी कुछ कविता कुछ ना कुछ यथार्थ से सम्बन्धित है चाहे वह खुद से सम्बन्धित हो या अन्य किसी से , और कुछ कविता कोरी कल्पना है, मैंने उन कविताओं में सिर्फ कल्पना के गोते लगायें हैं, मैने इसी आशा में संयोग कवितायें लिखी हैं कि इनको पढ़ कर हमें भीतर से खुशी मिलेगी, और वियोग कविता इसलिए लिखी ताकि हम अपने भीतर बसे दुःख को कुछ हद तक भूल सके ,कम कर सकें या फिर इस बात को समझ सके की इस संसार में सिर्फ हमें ही प्रेम ने दर्द नही दिया और भी लोग हैं इस सृष्टि में जो प्रेम के पीड़ा में जी रहें हैं, मुझे यकीन है की आप इन कविताओं की संग्रह को जब पढ़ेगे आप को अच्छा महसूस होगा......!!!!!

भूमिका

मुझे यह बताते हुए बेहद खुशी हो रही है कि आप सभी के स्नेह और दुलार मेरे लिए आशीर्वाद का काम कर रही है, मेरी पांचवी किताब आप सभी के समक्ष प्रस्तुत है, आप सभी मेरी कहानियों और कविताओं को पढ़ते रहीये और मुझे स्नेह और हौसला देते रहीये, और साथ ही मुझे लिखने के लिए प्रेरित करते रहीये, इस किताब को पब्लिस करने में आशीष कुमार "शैंकी" का सहयोग रहा है, मुझे अपनी लेखनी को ऊँची उड़ान भरने का हौसला मेरी बड़ी बहन नेहा दी हमेशा ही देती रहीं हैं और साथ ही मेरे परिवार का भरपूर सहयोग रहा है मुझे हौसला देने में, मुझे लेखन में आजाद सोच रखने के लिए हमेशा से ही प्रेरित और प्रोत्साहन मेरे घर वालों से मिलता रहा है, मैं उन सभी की शुक्रगुज़ार हूँ जिन्होंने मुझे आगे बढ़ते रहने के लिए प्रेरित किया, आप सभी अपने सुझाव एंव मेरी कहानियाँ और कविताएँ कैसी लगती है मुझे मेल करते रहीये......!!!!!!

Ziddynidhi@gmail.com

निधि गुप्ता "जिद्दी"

परास्नातक (हिन्दी साहित्य एंव अंग्रेजी साहित्य)

1. बारिश में तुम

बारिश में तुम.......!!!!!

एक बारिश में मैं,
तुम्हारे संग भीग, डूबना चाहती हूँ
तुम्हारे बाहों के घेरे में
तुम्हारे एहसासों के समुंदर में.....!!!!!

शुरूआत होगी
रिमझिम बूंदों से नहीं
रूक-रूक कर गिरते
बड़े-बड़े बूंदों से.....!!!!!

ना आसमान काला होगा
ना आसमान कड़कड़ायेगा
हवाओं का सुर
मध्यम हो सुरा होगी
और धूप,,,,,,
हलकी गुनगुनी..... होगी....!!!!!

हाँ,
हम प्रकृति के पास ही मिलेगें,
झील भी होगी,
हवाओं में एक
भीनी -सी

खुशबू होगी,
वो बेला का कुसुम मंजरी
चरम में हो झूमेगा....!!!!!
तुम,
अचानक मिलना मुझसे
यूँ जाते हुए राह में अकेले
टकराना तुम मुझसे
अनजाने में
मैं लड़खड़ा तुम्हारी बांहों में
सम्भल जाऊंगीं.....!!!!!

देख तुम मुझे
बेताबी से गले लगाना,
पीठ सहला तुम मेरी
मिलने की खुशी
जतलाना मुझसे तुम....!!!!!

हवायें जो
मेरे दुपट्टे तुम्हारे चहेरे पर लायें
तुम उसे
प्यार से हटा मुस्कुराना.....!!!!!
जुल्फें जो
चुभायें मेरी आँखों को,
तुम हटा उन्हें
माथे से चूमना मुझे.....!!!!!
इजहार करोगे जैसे ही
तुम मुझसे
डूबो दूगीं मैं तुम्हें
अपने ठंडे अश्क में

और फिर
भीग जाऊंगी मैं
तुम्हारे अश्कों से .....!!!!!

देख मिलन हमारा
बरस पड़ेगा बादल भरकर
भिगो देगा, हम दोनों को.....!!!!!

लिपट मैं तुमसे
तुमपे सामने की कोशिश करूगीं
तुम सिमटा मुझे
अपने सीने से
मुझे यकीं दिलाना.....!!!!!

भीगेगें हम उस पल
जी भर, मन भर
एक दूजे से
लिपट कर, बंध कर.....!!!!!
बिन रंग के हम
रंग जायेगें
एक दुजे के रंग में.....!!!!!

ना कुछ कहेंगें हम
ना कुछ सुनेगें हम,
बस तुम
अपनी नजरों से
इजहार करोगे और मैं
अपनी नजरों से समझूगीं.....!!!!!

एक पल के लिए भी
तुम मेरा हाथ
ना छोड़ना,
और मैं पल-पल
तुम्हारे बाजुओं में
और भी ज्यादा जकड़ती रहूंगी.....!!!!!

2. उस दिन मैं तुमसे कहूंगी

उस दिन मैं तुमसे कहूंगी........!!!!

मैं,,,,
तुम्हारे संग
एक दिन गुजारना चाहती हूँ
हाँ सच में
हाँ ऐसी ही मायूसी भरा दिन......!!!!!

दूर से देख
तुम मुझे,
दौड़ करीब तुम
आ जाना,
अपने दोनों हाथों से
थाम मुझे
मेरी आँखों में
झाँकना तुम,
अपनापन जतलाना
तुम आखों से......!!!!!!

जब भर आये
मेरी आँखें
देख तुम्हारे प्यार को,
माथे को चूम तुम
कुछ अश्क छलका देना......!!!!!

सीने से
सिमटा तुम मुझे
अपनी बाहों में
समेट लेना......!!!!!
कुछ पल तुम मुझे
यूंही ठहरे रहने देना,
भर कर मुझे
तुम रोने देना......!!!!!
कहूंगीं मैं सबकुछ
जो बीती है मुझपर अब तक,
तुम भी कहना
जो खोया है अब तक तुमने......!!!!!
सुनकर जो तुम्हें
मैं बिलख जाऊँ
पिता-सा तुम मुझे
चुमकार लेना......!!!!!
बेकाबू हो जाये
जो मेरे अश्क
सिर पर हाथ फेर
तुम बड़े होने का
फर्ज निभा देना......!!!!!!
उस दिन मैं
तुमसे कहूंगीं
हर एक बात
जो कह ना पाई
अबतक मैं किसी से......!!!!!!
तुम भी
कहना सबकुछ
मैं सुनुंगीं तुम्हें

उस दिन......!!!!!!
बैठ प्रकृति की गोद में
हम दोनों मिल कर
कहेंगें-सुनेगें.......!!!!!
जो अतीत के धूप से
जलने लगूँ मैं
तुम प्रेम की छांव बन
मुझे शीतल करना......!!!!!!
कहते- कहते
जो सूख जाये
मेरे कंठ
अपनी अंजुरी से
पानी तुम मुझे
पिला देना......!!!!!
उस दिन तुम
अपनी सारी झिझक तोड़
खोल देना
अपनी नफरतों का सागर,
बहने देना तुम
अपने शब्दों को
बिन लाज,
बिन लहजा
तुम सब कुछ कहना.......!!!!!!
मैं तोड़ दूंगी
अपनी सारी चुप्पी
बतलाऊंगीं मैं तुम्हें
हर एक किस्सा........!!!!!!
उस दिन हम
करेंगे शिकायतें

अपनों की और उनकी
जिन्हें चाहा, पूजा हमनें
दिल से मन से.......!!!!!!
जो थक जाऊँ मैं
रोते-रोते
अपनी गोद में
तुम मुझे सुला
कुछ थपकियाँ
दे देना........!!!!!!
उगते सूरज को
अनदेखा करेंगे हम
पिघलते सूरज को
यूंही खुद में
पिघलने देंगे हम
चमकते चाँद को
सितारों के साथ
खुला छोड़ देगें,
जगमगाते जुगनूओं को
खुद से अठखेलियाँ करने देगें
रजनीगंधा के पुष्प को
यूंही महकने देगें.......!!!!!!
सबकुछ अनसुना कर हम
सिर्फ और सिर्फ
एक दुजे के
कहेगें-सुनेगें जी भर ......!!!!!
हाँ,
उस दिन हम
सबकुछ कहेगें
एक दुजे से.....!!!!!

निधि गुप्ता

3. पौष की ये एक रात

पौष की ये एक रात......!!!!!
मैं,
तुम्हारे संग
एक रात गुजारना चाहती हूँ
हाँ, सच में....
हाँ , पौष की ये सर्द रात ही.....!!!!!

एक ही चादर
एक ही तकिया
और एक ही बिछौना चाहिए.....!!!!!

उस रात मैं
मौन रहूंगीं
तुम कहना.....!!!!

मैं सबकुछ सुनुगीं
जो कैद है
अब तक
तुम्हारे सीने में.....!!!!!

तुम मेरी गोद में
सिमट जाना
बच्चे की तरह
जब गला भर आये तुम्हारा

कहते-कहते.....!!!!!

मैं तुम्हारे बाजुओं को
पकड़ कर
सिमट जाऊंगी
जब मैं
रूहासी हो जाऊंगी तुम्हें
सुनते-सुनते......!!!!!

मैं,
अपने हाथों से
तुम्हारे बालों को
सहला भी दूगीं
जब तुम टूट कर
मेरा आँचल भीगोओगे.....!!!!!

मैं,
तुम्हें....
सिर्फ तुम्हें
सुनुगीं उस रात
मौन होकर
स्तम्भ हो कर.....!!!!!

तुम कहना
सबकुछ
रिक्त करना तुम
उस रात
अपने मन को.....!!!!!

उस रात
मेरा वर्चस्व रहेगा
तुम पर.....!!!!!

कुंडी
बंद कर मैं
हवाओं का भी
निषेध करूगीं.....!!!!!

हाँ,
ठीक है
रोशनी मध्यम ही होगी.....!!!!!

जब तक
तुम्हारे अंदर कैद
दरिया बहे नहीं जाता
मैं वक्त को
ठहरा दूगीं
घड़ी की सुइयाँ
रोक कर.....!!!!!

मैं,
सूरज को भी
ढक दूगीं
जब तक मेरी रात
सम्पूर्ण नहीं हो जाती
अपने आँचल से.....!!!!!

उस रात

तुम कहना
हर वो बात जो
अब तक अनसुना रहा
हर एक को
मैं सुनुगीं
तुम्हारे हर एक लफ़्ज़....!!!!!

मैं,
एक शब्द ना कहूगीं
सिर्फ और सिर्फ
सुनूगीं तुम्हें.....!!!!!

मन हो तो
तुम रो लेना
बिलख कर जी भर कर,
इसका जिक्र मैं
कभी स्वयं से भी
ना करूंगी.....!!!!!

अधर यदि
ना साथ दे तुम्हारे
तुम आँखों से कहना
मुझे तुम्हारी
आँखों की भाषा आती है.....!!!!!

जो तुम
टूटने के होगे
मेरा हाथ पकड़ तुम
विलाप से

जी भर क्रूदन कर लेना.....!!!!!
एक पल
रूकना तुम
आंसू पोछ अपना
फिर से कहना
शुरू करना तुम.....!!!!!
जब तुम
बेहताश हो
मेरी गोद में
विलाप करोगे
मैं तुम्हारी पीठ
सहला हिम्मत भी दूंगी.....!!!!!

जब तुम
आँसुओं के प्रलय में
खुद से बेकाबू होगे
तब मैं तुम्हें
अपनी बाहों में भींच
अपने दिल के करीब
समेट लूंगीं.....!!!!!

ऐसी रात
गुजारने को
मैं तैयार हूँ
सीता बन अग्नि परीक्षा को,
तत्पर हूँ मैं
रूकमणी बन अवहेलना को,
हूँ मैं प्रतिबद्ध
मीरा बन जोगन बनने को,

निधि गुप्ता

राजी है निधि
राधा बन रास को
अग्रसर हूँ मैं
उर्मिला बन विरहा को,
खड़ी हूँ मैं
सती बन जलने को.....!!!!

4. तुम,तुम्हारी गोद और मैं

तुम,तुम्हारी गोद और मैं......!!!!!
तुम्हारी गोद में मैं,
सोना चाहती हूँ
एक बार सुकून से,
एक पल मैं
सोना चाहती हूँ....!!!!!

थकी हूँ मैं बहुत
जिंदगी से,
घाव है मेरे जिस्म पर बहुत
पीड़ा है मेरे हृदय में बहुत,
कुछ पल ठहर
तुम्हारी गोद में मैं
आराम से सोना चाहती हूँ.....!!!!!
तुम मुझे
अपनी बाहों में भर
गोद में समेट लेना
चूमकर मुझे तुम.....!!!!!
माथे पर चूम.....
गर्म बाहों में तुम
जकड़ लेना मुझे
प्यार से ,आराम से.....!!!!!
तुम,,,,,
मेरे बाज़ुओं को सहलाना,

मेरे बालों को सुलझाना,
मेरे पीठ पर उंगलियाँ फिराना,
मेरे उंगलियों से अपनी उंगलियाँ मिलाना
और मुझे सुलाना.....!!!!!
मेरी पलकों को चूम तुम
बंद उन्हें करना,
अपने होठों को तुम
मेरे माथे पर सटाये रखना.....!!!!!

तुम,,,,
मुझे सुनने देना
तुम्हारे दिल की धड़कनों को,
तुम जकड़ अपनी बाजुओं में मुझे
और भी करीब कर लेना.....!!!!!
टकराने देना तुम
मेरी सांसों को अपनी सांसों से,
छलकने देना तुम
अपने आंसुओं को,
बहने देना तुम
मेरे अश्कों को.....!!!!!

तुम,,,,
अपनी बाहों के घेरे में जकड़ मुझे
सोने देना
सुकून से, आराम से.....!!!!!
तुम्हारे सीने पर
हाथ रख मुझे
निश्चिन्त हो ठहरे देना तुम
सीने पर सर रख मुझे
सोने देना चैन से तुम.....!!!!!

तुम्हारे हाथों को जकड़ मैं
अपने सीने से....
सो जाऊंगी मैं
तुम जकड़े रहना यूँ ही मुझे
अपनी गर्म मजबूत बाजुओं में.....!!!!!

5. मैं चाहती हूँ

मैं चाहती हूँ
हमारे मिलन के उपरांत
हम वो बालकनी वाले कमरें में रहें.....!!!!

कमरें में बिलकुल अंधेरा हो
बड़ी -बड़ी उन खिड़कियों से
चांद की तेज
रोशनी आती रहे.....!!!!!

मौसम कुछ
फरवरी या नवम्बर का हो.....
शर्द हवायें हो
किन्तु ठिठुरन ना हो.....!!!!!
तुम बेड पर
दीवार के सहारे टिके रहना,
मेरा तकिया तुम्हारे कमर का
ऊपरी हिस्सा होगा,
मैं अंतःवस्त्रों में रहूगीं
तुम कमीज़ मत पहने रहना.....!!!!!
मेरे हाथ में एक
अर्धजली सिगरेट होगी
और तुम्हारे हाथों में एक
उपन्यास की किताब
इराटिक या ट्रेजेडी की.....!!!!!

चादर ,पास में ही रहे तुम्हारे,
मेरा एक पैर
चादर में छिपा रहे
दुसरा यूंही घुटनों से सिकुड़े रहें,
वो चादर वाला मेरा पैर
उस खिड़की पर टिकी रहे
जहाँ से कुछ हवायें आ रहीं हैं
और चांद की धीमी-तेज रोशनी भी.....!!!!!
मेरे बाल
सूखे ना होकर, कुछ गीलें हों
किन्तु उनमें
पानी की बूंदें ना टपकें.....!!!!!
घड़ी के टिक-टिक का शोर
ना हो उस शान्त-काले कमरें में.....!!!!!
तुम मग्न रहो
उस उपन्यास की कौतुहलता में
मैं आकृति खींचतीं रहूँ
उस सिगरेट के धुंए से.....!!!!!
लगे कुछ ऐसा
हम जी रहें
ब्लैक एंड व्हाइट की दुनिया में.....!!!!!
मेरे वो ठंडे बाल
मेरे बदन पर पड़े रहें
बिस्तर में थोड़ी गर्माहट रहे.....!!!!!
उस खिड़की के कोने पर
दो खाली कप रखी हो
जिसमें कुछ वक्त पहले हमनें
ब्लैक कॉफ़ी विदआउट सुगर पी थी.....!!!!!

6. तुम्हारे स्पर्श

तुम्हारे स्पर्श.....!!!!!
मैं चाहती हूँ
मैं रहूँ तुम्हारे समक्ष
एक बच्ची बन कर.....
नन्हीं बच्ची....!!!!!

रात को
पहर तक मैं
लिपटी रहूँ तुम्हारे सीने से
अठखेलियाँ करती रहूँ मैं
तुम्हारे कानों से
तुम्हारे नाको से.....!!!!!

शरारत करूँ मैं
जो तुम्हारे बालों को खींच कर
भौंहे सिकोड़ दुलार से तुम
मेरा हाथ तुम
अपने सीने पर रखना.....!!!!
जो गिनने लगूँ मैं
तुम्हारे ढाढ़ी के बाल
"ऊँ हूँ " कर हाथ मजबूती से पकड़ मेरा
दबा देना तुम अपनी छाती से.....!!!!!
मैं रहना चाहती हूँ
संग तुम्हारे

एक शरारती बच्ची की तरह.....!!!!!
फिर,,,,,
करूंगी मैं
एक नई नटखट अदा
अपने पैरों के अंगुठे को पकड़ मैं
सुटा लूंगीं अपना घुटना
तुम्हारे छाती से....
फिर पैरों को ऊपर कर हिलाऊंगीं....
तुम कहना.....
"सोती क्यों नहीं पगली
पहर बीत गया
भोर उठना तुझे"
फिर, फेर देना तुम
पीठ पर ढेर सारा दुलार.....!!!!!
जो तुम बूंद मेरी पलकों को
करोगे जतन
मुझे सुलाने को,
मैं करूँगी फिर शरारत
तुम्हारे बालों से,
तुम करोगे जतन
मुझे सुलाने को
मैं करती रहूँगी अठखेलियाँ.....!!!!!
तुम्हारी जकड़न
एक पल के लिए भी
ढीली ना रहेगी
तुम सिमटाये रहोगे मुझे
अपने बदन से
और मैं सिमटी रहूँगी
तुम्हारे देंह से.....!!!!!

थक तुम, हार तुम,
लिटा लोगे मुझे अपने ऊपर
और ओढ़ा दोगे मुझे
अपनी दोनों बाहों का चादर
मैं नर्म शैय्या पर
कुछ अलसाई-सी हो जाऊँगी
फिर भी रहूँगी मैं
जगी-जगी -सी.....!!!!!
तुम देते रहोगे मुझे थपकियाँ,
झांकते रहोगे मेरा चहेरा,
सहलाते रहोगे मेरी पीठ,
मैं फिर भी रहूँगी
जगी-जगी सी, अलसाई-सी.....!!!!!
क्योंकि,,,,
मुझे अच्छा लगता है
तुम्हारे समक्ष
एक बच्ची रहना
एक नन्ही बच्ची बने रहना.....!!!!!

फिर,,,,,
तुम चूम लेना मेरे माथे को
और मैं
निश्चिन्त हो कर सो जाऊंगी
पकड़ एक हाथ से
तुम्हारे कॉलर के नीचे वाले के
पहली वाली बटन को,,,,,,
और एक हाथ
कब तुम्हारे बाल
खींचते-खींचते शिथिल हो जातें

उसे होश ही ना रहता.....!!!!!

मैं दिवस में
रहती हूँ प्रौढ़,
सांझ को बनती मैं गृहलक्ष्मी,
किन्तु जब आते
तुम समक्ष
हो जाती मैं सिर्फ एक बच्ची ,
है इतना दुलार
तुम्हारे छुअन में
तुम्हारे स्पर्श में
कि मैं...... मैं ना रहे जाती,
मैं बन जाती
एक बच्ची,,,,
एक नन्ही बच्ची.....!!!!!

तुम्हारे आलिंगन में
इतना प्रेम है कि
मेरा यौवन परिवर्तित हो जाता
शैशवावस्था में,
बाल्यावस्था में......!!!!!
तुम्हारी जकड़न में......
इतना स्नेह है कि
मुझे अपनी क्या
तुम्हारे देह का स्पर्श
महसूस नहीं होता
एहसास नहीं होता.....!!!!!

मुझे आराम नहीं मिलता

जब तक तुम्हारे हाथों का
तकिया लगा ना लेती मैं,
मुझे नींद नहीं आती
जब तक तुम मुझे
सुलाते नहीं अपने ऊपर,
मैं मीठे स्वप्न में खोती नहीं
जब तक तुम
मेरे माथे को चूमते नहीं,
मेरे बदन की पीड़ा
तब तक नहीं जाती
जब तक तुम
सहलाते नहीं पीठ मेरी,
मेरे केश सुलझते नहीं
जब तक तुम उन पर
फेरते नहीं हाथ अपना....!!!!!

7. चाह बस साधारण पुरूष की

चाह बस साधारण पुरूष की.....!!!!!

नहीं मुझमें सीता जैसी
पवित्रता विधमान,
इसलिए नही चाहती मैं
किसी वनवासी राम को पाना.....!!!!!

मुझमें राधा -सा संयम है ही नहीं
कि देख सकूँ मैं
रूकमणी का पारिणय,
इसलिए नही सुनना चाहती मैं
बांसुरी की धुन किसी वृंदावन के कृष्ण का.....!!!!!

नहीं है मुझमें मीरा-सा पूर्ण समर्पण
कि पी लूँ मैं अमृत समझ विष का प्याला,
इसलिए जोगन बन
नहीं पुकारना किसी गिरीधर गोपाल को....!!!!!
नहीं मुझमें सती-सा साहस
कि अपने स्वामी के मान की खातिर
भस्म कर लूँ स्वयं को अपने ही तेज से,
इसलिए प्रयत्न नहीं करती
खंडित करने को
किसी वैरागी का वैराग्य.....!!!!!

नहीं है मुझमें रूकमणी-सा धैर्य
कि सुन सकूँ मैं
अपने स्वामी की प्रेम गाथा,
इसलिए अर्जी नहीं लिखनी
स्वयं के हरण की खातिर.....!!!!!
नहीं है मुझमें उर्मिला-सा इंतज़ार
कि राह देखूँ मैं चौदह वर्ष
रहूँ मैं दूर अपने महीषी की छाया से,
इसलिए नही चाहती मैं
किसी भातृर्व भाई को.....!!!!!

हूँ मैं तो केवल एक साधारण स्त्री
चाहती हूँ मैं पाना
केवल एक साधारण पुरुष को
जिससे लंड़ू मैं ,झगड़ू मैं.....!!!!!
करूँ जो मैं गुस्से से
अपने चभु को रक्त -सा
बाजुओं को पकड़ बल से वो मेरे
आँखों में आँखे डाल
अपना वर्चस्व जतलाये मुझपर.....!!!!!
करूँ जो मैं शोर.....
खंडित करूँ मैं कुछ निर्जीव को
उंगलियों के बल, लाल कर दे वो
मेरे कपोलों को.....!!!!!
क्योंकि,,,,
क्योंकि ज्ञात है मुझे.....
हूँ मैं बेहद "जिद्दी"
चाहती हूँ मैं
लगाये वो अंकुश

मेरे पागलपन में.....!!!!!
मैं चाहती हूँ
वो प्रबल रहे मेरे पागलपन से धिक,
मेरी जिद्द की सीमा....
जहाँ से इतिश्री हो
उसकी सीमा वहाँ से आरम्भ हो.....!!!!!

❧❧❧

8. मेरा प्रेम अबोध-बालक-सा

मेरा प्रेम अबोध-बालक-सा....!!!

.....

हाँ मेरा प्रेम

एक अबोध-बालक- सा है

मेरा प्रेम कभी किशोर न हुआ

न बना वो प्रौढ़

रहा हमेशा वो अबोध-बालक-सा ही....!!!!

जैसे बाल्यावस्था का शिशु खिलखिला दौड़

पीछे से पकड़ लेता अपनी ममता को

पकड़ता वैसे ही वो मुझे पीछे से....!!!!

जैसे शिशु सोचता

आ रहा वो चुपके से किन्तु

अपनी खिलखिलाहट से जतला देता

वो अपनी ममता को,

वैसे ही मेरा प्रेम

आने से पूर्व चेता देता मुझकों पीछे से....!!!!

मेरा अबोध-प्रेम

चूमा नहीं कभी मेरे अधरों को

कपोलों को चूम वो भाग जाता

एक अबोध-बालक-सा....!!!!

कभी उसनें,नहीं छलकाया अपना यौवन

कभी उसने,नहीं दिखाई अपनी प्रौढ़ता

रहा वो हमेशा मुझसे

एक अबोध-बालक-सा ही....!!!!
जब भी नदियाँ बहतीं हैं
रहता है वो मेरे आँचल में ही
जब भी सागर उमड़ता है
रहता है वो मेरे गोद में ही
मेरा प्रेम एक अबोध-बालक-सा है....!!!!
मेरा प्रेम
नहीं लांघा है अभी अपनी शैशवावस्था
अभी बोल शब्दों से
कह नही पाता वो अपने जज्बात....!!!!

कहता है वो खामोशी के शब्दों से
अपने उलझे से एहसासों को
किन्तु फिर भी मैं
समझ जाती उसकी हर खामोशी,
जैसे समझती एक ममता
अपने शिशु की तोतली शब्द.....!!!!!
क्योंकि.....
क्योंकि मेरा प्रेम
अभी एक अबोध बालक -सा है
शैशवावस्था है अभी उसकी.....!!!!!
जैसे चाहती एक ममता
बोले "माँ" उसका शिशु.....
वैसे चाहती मैं
बोले वो कुछ शब्द मुझे.....
सपने जैसे बुनती एक ममता
बड़े होने का अपने शिशु के लिए
वैसे दिवास्वप्न मैं गढ़ती
प्रौढ़ बने मेरा प्रेम.....!!!!!

ये लाल इश्क़

9. इस बार प्रेम हो जाये मुझे

इस बार प्रेम हो जाये मुझे.......!!!!!

मैं चाहतीं हूँ

मुझे प्रेम हो जाये.....

नहीं,,, आकर्षण नहीं....

मुझे प्रेम हो जाये,

नहीं, मैं यह भी नहीं चाहती

कि मैं प्रेम करूँ,,,,

मैं चाहतीं हूँ की

यह प्रेम मुझे स्वतः, खुद-बा-खुद हो जाये.....!!!!!

आकर्षण भी हो चुका मुझे किसी से....

प्रेम भी मैंने कर लिया अन्य से.....

परन्तु मैं अब यह चाहती हूँ कि

अब मुझे प्रेम हो जाये.....!!!!!

और चाहती हूँ मैं,

मैं समर्पित हो जाऊँ उस पर पूर्णतः

मैं अपना सम्पूर्ण स्नेह उड़ेल दूँ उस पर.....!!!!!

मैं यह भी चाहती हूँ की

मैं इस कदर रहूँ उस पर समर्पित

जैसे लोग समझते हैं,

हूँ मैं तुम पर पूर्ण समर्पित

ठीक वैसे ही रहूँ मैं.....!!!!!

मैं उसे ऐसे पूजूँ

जैसे पूजंती मैं तुम्हें,

वे चुभे सभी को ठीक वैसे ही

जैसे तुम चुभे थे बहुतों को.....!!!!!
मैं चाहती हूँ
मैं अपनी सम्पूर्ण स्नेह को
एकत्र कर एक घड़े में
समाहित कर उसमें एक छिद्र कर दूँ.....
जैसे शिवलिंग पर गिरती धार.... जल निरन्तर
वैसे गिरे मेरा प्रेम उस पर निरन्तर.....!!!!!

10. बस इतना ही मैं जानती हूँ

बस इतना ही मैं जानती हूँ......!!!!!

मैं तुम्हारी ब्याहता, तुम्हारी अर्धांगिनी हूँ
मुझे बस इतना ज्ञात है,
और तुम मेरे जीवन साथी हो
मैं बस इतना जानती हूँ
और बस इतना ही समझती हूँ.....!!!!!
मुझे नहीं पता कि.....
मेरे पूर्व
तुम्हारी कितनी प्रेमिकायें रहीं थीं
या कितनी प्रेयसी रहीं थीं
तुम कितनों की जान रहे थे,
और ना ही मुझे यह पता है कि
तुम कितनों के
बाबू, सोना, बच्चा रहे थे,
कितनों की दिलों की धड़कन रहे थे
मुझे बस इतना पता है कि तुम
अभी वर्तमान में मेरे जीवन साथी हो
और सिर्फ मेरा तुम पर पूर्ण अधिकार है....!!!!!
भूत में तुमनें कितनों को बाहों में भरा था.....
कितनों को आलिंगन किया था.....
कितनों के होंठो को चूमा था.....

कितनों के नाजुक अंगों को मसला था.....
और कितनों को अपनी भुजाओं में पकड़ उसे भींचा था.....
मुझे बस इतना पता है कि
वर्तमान में तुमने मेरे माथे को चूमा है,
बस मुझे इतना ही मालूम है.....!!!!!
पर तुम कभी यह मत सोचना की
ये सारी बातें.....
मुझे इसलिए नही पता
क्योंकि मुझे ये सारी बातें
किसी ने बतलाया नहीं.....
नहीं, मुझे इसलिए नही पता यह सारी बातें
क्योंकि ,,,,
मैं तुम्हारा भूत जानना ही नहीं चाहती कभी
क्योंकि....क्योंकि मुझे ईष्या होती है.....!!!!!
स्त्री हूँ, स्त्री हृदय भी मैं रखतीं हूँ
स्त्री की ईष्या को
एक पुरूष से बहेतर कौन समझ सकता है भला.....
और तुम एक पुरूष ही हो....
वह भी मेरे पुरूष
मेरे जीवन साथी.....!!!!!
पर तुम यह याद रखना कि
यदि तुम्हारा अतीत था कोई,
तो जरूरी नहीं की मेरा भी हो ही,,,
मैं तुम्हें तुम्हारे अतीत के साथ अपना रही हूँ
क्योंकि मुझे तुमसे प्रेम है
इसलिए नही की मेरा भी कोई अतीत था.....!!!!!

11. टूटा खण्डहर,ऊंची मिनारे,कुछ राज और मैं साथ में तुम

टूटा खण्डहर,ऊंची मिनारे,कुछ राज और मैं साथ में तुम.....!!!!!

एक दिन हम चलेंगे

उस टूटे विरान खण्डहर पर

उसी ऊंची मिनार पर....

लिखीं जहाँ...

किसी प्रेमी जोड़े का अमिट नाम,,,,

स्पर्श कर उन्हें हम

होगें हर्षित हम.....!!!!!

उस दरारें पड़ी दीवार से हम

होके गुजरेंगे....

महसूस करेंगे हम

किसी प्रेमी जोड़े का थिरकना.....!!!!

उस हवेली के बंद कमरों में

पुकारूँगीं मैं नाम तुम्हारा....

टकरा वे दीवारों से

करेंगी ध्वनि हजार

गूंज उठेगा नाम तुम्हारा

उस खंडहर में.....!!!!!

देखेंगे वो कबूतर हमें भी

खुद से गुटुरगुँ करते हुए....

वो सांय-सांय की ध्वनि

हमें विचलित नही करेगीं......!!!!!

मेरी पांव जेब बजेगी
एक नृत्यांगना की झांझर की तरह
रहे जिसकी रूह इन्हीं ऊंची मीनारों में.....!!!!!

भागते-भागते हम
पहुँच जायेंगे पुरानी सदी में.....
बनोगे तुम कवि...... रसिक कवि
और बनुर्गीं मैं दरबारी नृत्यांगना
थिरकेगें कदम मेरी
तुम्हारे रसिक गीत पर.....!!!!!
.....या बनना तुम महाराज
बनूर्गीं मैं फिर तुम्हारी पटरानी......
विचरगें हम फिर उस
शाही बगीचे में
जहाँ रोपे हैं दुर्लभ नील कमल.....!!!!!
मल, बेला के पुष्पों को
अपने बदन पर मैं
महक जाऊंगी......
वो शाही गुलाब....
मसल देना तुम
मेरे अधरों पर.....
ज़ब चोट लग जायें उन्हें
तुम्हारे अधरों से......!!!!!

❧❧❧

12. मेरे ख्वाबों की दुनियाँ में तुम्हारे साथ एक छोटा सा सफर

मेरे ख्वाबों की दुनियाँ में तुम्हारे साथ एक छोटा सा सफर......!!!!!
एक दिन मैं
बुलाऊंगी तुम्हें अपने ख्वाबों में
तुम आना वक्त से.....!!!!!

ले चलूंगी मैं तुम्हें
उसी ऊंचे टीले पर
जहाँ से दिखती हैं सितारों की बस्ती.....!!!!!
हम ना कहेगें ना सुनेगें कुछ
सिर्फ और सिर्फ जियेंगे हम
दौड़ेगें हम
जुगनूओं को पकड़ने के खातिर
भागेंगे हम
रजनीगंधा के खुशबुओं के पीछे......!!!!!
गुम हो जायेगी मेरी पायल
ढूंढ तुम उसे पहनाना.....
फिर चलेगें हम
उसी पानी की ओर
जहाँ बंधी है एक नाव,
सहारा दें तुम मुझे
बिठाना अपने बिल्कुल पास मुझे.....!!!!!

मीठी धुन छेड़ूगीं मैं
जब तुम पालों का
मिलन कराओगे उसकी प्रिया नदी से.....
जुगुनुयें तोड़ लायेगीं
झोली भर कर सितारें
बिखेर देंगी वो हमपे.....!!!!!

वो सूदूर बैठा पंछी
बंसी की धुन हर लेगा
कोने बैठ वो डाली पर
छेड़ेगा वो धुन कोई मधुर.....!!!!!

चलेगें फिर हम
बादलों की सीढ़ियों पर
तैरेंगे हम हवाओं संग,
खिलखिलायेगें जो हम भूल सबकुछ
झूमेगी बसंत फिर मस्ती में
महकेगी सुगंध हर दिशाओं में
लहरायेगीं झीलें लहरों के संग
सावन भी बरसेगा गुदगुदी कर.....!!!!!

उस आकाश में
एक नई दुनियाँ होगी..... नन्ही परियों की
होगा सबकुछ जादुई.....!!!!!
होगें वे छोटे-छोटे
मुठ्ठी में अडाने तक
आम के पेड़ होगें पौधे से
लगे होगें मोती जैसे फल.....!!!!!

..... मोतियों के भी होगें नन्हें पौधे
फरें होगें उसमें अद्भुत रत्न.....
वो छोटे से गेंहू के खेत....
वो नन्हें-नन्हें मेढ़....
वो तीली-से गन्ना.....
वो अनार...... मटर के दाने से
वो सैजन का घरौंदा......
वो छोटे से घर में नन्हाँ-सा आँगन.....
वो छोटी सड़कों पर
नन्हें से बच्चे.....
वो पीपल के पेड़ का
छोटा-सी छांव....
किनारे उसके
बित्ते भर का कुआँ.....!!!!!

हम देखेंगे सबकुछ
भूल जायेगें सबकुछ.....
जानते हो तुम
वहाँ कश्ती तैरती नहीं.... उड़ती हैं
वहाँ मछलियाँ नदी में नहीं
पेड़ों पर कोयल संग सीखती हैं मधुर धुन
हाथी नहीं रहता सर्कस पर
बैठता है वो दोस्तों संग
नन्ही चिड़िया बिनती हैं ऊन
मोटे भालू के लिए.....!!!!!

बोलते सब यहाँ हमारी भाषा
भालू बनाता यहाँ खाना
परियाँ रहतीं यहाँ कोमल -सी

पीठ पर घुमाता उन्हें शेर
मानता उन्हें सृष्टि की स्वामिनी
देता वो उन्हें दुलार भर-भर कर......!!!!!

13. मैं और तुम और कुछ राज

मैं और तुम और कुछ राज......!!!!!

मुझे तुमसे कुछ कहना है
बताना है मुझे तुम्हें
बहुत सारे किस्से.....!!!!!

ले चलूंगी तुम्हें मैं
एक ऊंचे टीले पर,
होगें हम दुनिया से दूर,
टीले पर बैठ
देखेंगे हम दुनिया को,
सन्नाटे में मैं तुम्हें
बताऊंगी हर एक किस्सा,
अपनी बीती हुई जिंदगी
सुनाऊगीं मैं तुम्हें.....!!!!!
ना शोर होगा
ना पुकार होगा
टीले पर बैठ तुम
मुझे सुनना.....!!!!!
भोर का वक्त होगा,
बंसत का माह,
पानी सा शीतल पवन होगा,

कहीं दूर जलती अलाव की गर्माहट
बह रही होगी.....!!!!!

तुम्हारी गोद में
सर रख मैं,
तुम्हारे हाथ को मै
अपने सीने से लगा
कहूगीं मैं किस्से
अपनी बीती जिंदगी की.....!!!!!

तुम भर मुझे
अपनी गोद में
थाम मेरे हाथों को
सब सुनना
बिन तर्क किये.....!!!!!

मुझे कहने देना तुम
सबकुछ उस
ऊंचे टीले के ऊपर
बैठ कर.....!!!!!

जो है मेरे सीने में
अब कहना जरुरी है तुमसे,
कुछ पल के लिए
मुझे भीगना जरूरी है,
तुम्हारी बाहों में सिमट कर अब
मेरा सिसकना जरूरी है,
कुछ वक्त के लिए ही सही
भूल सबकुछ मुझे

तुम्हारी गोद में सोना जरूरी है अब.....!!!!!
है विश्वास गर तुम्हें मुझपे.....
अपने बाहों के आलिंगन से तुम
एहसास जतलाना मुझे,
जकड़ लेना तुम मुझे
अपनी सम्पूर्ण ताकत से,
वर्चस्व जतलाना तुम मुझपे
अपनी बाहों में समेट कर मुझे.....!!!!

14. तुम तब-तब आना

तुम तब-तब आना......!!!!!

तुम आना मुझसे मिलने......
जब मैं होली वाले रंगों में रंगी होऊंगीं
भीड़ में आ मुझे रंग जाना तुम अपने रंग में
गुलाल की बौछार में मुझे गले लगा जाना
भांग के नशे में इकरार कर जाना
हाथों से नहीं, अपने गालों के गुलाल से रंग
इत्र की खुशबु मुझे दे जाना.....!!!!!
तुम आना मुझसे मिलने.....
जब मैं अकेले में रो रही होऊंगीं,
अपनी ही भुजाओं में
सिमटने की कोशिश कर रही होऊंगीं,
चुपके से, बिन बताये, बिन शोर के तुम आ मुझे
कस कर गले लगा जाना,
मेरे पलकों को चूम तुम
अपनी आँखों से कुछ कहे जाना,
अपने दिल की धड़कनों से
अपनी गर्म सांसों से मुझे अपना बना जाना.....!!!!!

तुम आना मुझसे मिलने.......
जब मैं करवटें ले रात काटूगीं
तुम आ, प्यार से थपकियाँ दे जाना,
कुछ प्यार का ख्वाब कहे

सपने में मीठे ख्वाब सजा जाना,
एक रात सुकून की नींद सुला जाना,
मेरे कान के उस लट की गुस्ताखी को
सबक सिखा जाना,
मेरे अलकों पर तुम हाथ फेर जाना......!!!!!

तुम आना मुझसे मिलने......
जब चौमासे की पहली बूंद धरा पर गिर
घुंघरूओं-सी शोर कर भीनी खुशबू देगी
उस महक को तुम
मेरे साथ महसूस करने आना,
वो खनकती हुयी बारिश में
मेरे संग भीग जाना,
गीली मिट्टी पर नंगे पांव
मेरे साथ छाप छोड़ जाना,
खिलखिलाती बूंदों में मेरे संग तुम खिलखिलाना.....!!!!!

तुम आना मुझसे मिलने......
नदीश तट पर पिघलती सांझ को
संग निहार जाना तुम,
मेरी मंझधार में फंसी नैया को पार करा तुम जाना,
धार में सितारों की छवि देख
मुझे इशारे से बुला तुम जाना,
उजली रेत पर गीली-नंगे पांव चल
संग निशा बना तुम जाना,
पत्थरों से टकरा ठंडे पानी की बौछार में संग भीग तुम जाना,
चट्टानों पर बैठ लहरों का संघर्ष संग देख तुम जाना.....!!!!!

तुम आना मुझसे मिलने.....

जब मैं हवाओं से झगड़ रही होऊँगीं

मेरी चूनर को वो धीठ हवा जब

अपने संग लहरा रहा होगा

मेरे ज़ुल्फों से अठखेलियाँ कर मुझे तंग कर रहा होगा

अपनी अवारगी से मेरे चूनर को सता रहा होगा

मेरी लटों को कानों के पीछे धकेल तुम जाना

मेरी चूनर को, मेरे सर पर सजा तुम जाना......!!!!!

15. इस बार मैं सिमटूगीं तुम्हारी गोद में

इस बार मैं सिमटूगीं तुम्हारी गोद में.......!!!!!
हर बार तुम
सिमट जाते हो मेरी गोद में
भीगो देते हो मेरा आँचल
हर बार तुम....!!!!

मौन हो जाती हूँ मैं
हर बार
जब जब बतियाते हो तुम
अपना अतीत
खामोश हो कर.....!!!!!

मुखौटा ऊतार तुम अपना
टूट बिलख जाते हो तुम
मेरी गोद में
हर बार.....!!!!!

किन्तु,,,,,
इस बार
सिमट तुमसे मैं
बिलखना चाहतीं हूँ
तुम्हारे बाजुओं का तकिया बना मैं

तुम्हारे सीने से सट ठहरना चाहती हूँ
मैं एक पल.....!!!!!
नहीं चाहिए मुझे कोई चादर
बदले तुम सहला देना
वात्सल्य से मेरी पीठ.....!!!!!
समझना तुम मुझे
जैसे समझती हूँ मैं तुम्हें,
अन्य की फिक्र मत करना तुम आज
अपने अतीत को तुम इस बार
भूल कर आना मेरे करीब.....!!!!!

क्योंकि,,,,,
मुझे भी बहाना है
कुछ किस्से.....
अश्क बना कर उन्हें रिक्त करना है
मुझे भी अपना हृदय.....!!!!!

करनी है तुमसे यूँ ही
कुछ दिल की बातें
पर मैं कहूँगी उन्हें अपने अधरों से,
यूँ तुम्हारी तरह मैं
खामोशी से ब्यंया ना करूँगी उन्हें.....!!!!!
थाम कर मेरे हथेलियों को
तुम सुनना
मेरी बातों को मौन हो कर.....!!!!!

16. सोचो, ये हकीकत होता तो

सोचो, ये हकीकत होता तो.....!!!!!

सोचों, जो मिलतें हम इसी जहाँ में
कितनी सदीयाँ बितातें हम एक दूजे की बाहों में....!!!!!
हमारा प्रेम मुक्मल होता, रूह से जब रूह मिलते हमारे
जिस्म का अंश ना होता इस पाक बंधन में हमारे.....!!!!!
गुजारते कितने रातें यूँ, खामोश हो एक दुजे की बाहों में
बैठ संग निहारते हम, उदास जमाने को इस सदी में.....!!!!!

उम्र बीत जाती हमारी यूँ पल की तरह
जिंदगी क्षण-सा गुजर जाता
बाहों में जब भी तुम मुझे समेटते,
वक्त वहीं ठहर -सा जाता.....!!!!!
शब्दों की भाषा क्या होती है हम भूल जाते,
मौन रहते हरपल हम
खामोश रह सब समझ जातें एहसास
यूँ कुछ इस कदर करते एक दूजे से हम प्यार.....!!!!!

अधूरें तुम, अधूरी मैं, एक जैसे ही तो हैं हम
मिल जो सम्पूर्ण होते हम,
शिवसती -सा अर्धनारीश्वर कहलाते हम.....!!!!!

मेरी अलकों की छांव तले तुम्हारी शाम गुजरती
तुम्हारे सीने पर सर रख मेरी रात गुजरती.....!!!!!

सुबह का आलम कुछ इस कदर होता
तुम्हारी अंगड़ाई से मेरी सुबह और
मेरी पायल की झनकार से तुम्हारा सवेरा होता.....!!!!!

सर्द रातों में तुम मुझे जकड़ लेते अपनी भुजाओं में
मैं सिमट जाती तुम्हारे पाक एहसास के आलिंगन में......!!!!!!
दिन-रात की फिक्र ना रहती हमें अब
भूत-भविष्य-वर्तमान का कुछ स्मरण ना होता हमें अब.....!!!!

17. सम्पूर्ण स्त्री बनने का सफर

सम्पूर्ण स्त्री बनने का सफर.....!!!!!
मैं चाहती हूँ
मैं ब्यहता बनूँ
कुटुंब के जेष्ठ पुत्र की.....!!!!!

ताकि उपज सके प्रौढ़ता मुझमें
नादानियां छोड़ मैं
समझदारी की फसलें कांटू.....!!!!!

बात-बात पर यूँ
बचकानी हरकत त्याग मैं
गम्भीर हो मसले समझूँ.....!!!!!
अपनी नाजायज जिद्द त्याग
अनुज की जायज़ जिद्द की
पूर्ति कर सकूँ मैं.....!!!!!
चंचलता की चापलता त्याग मैं
ममता रोप स्वयं में
मैं की भावना त्याग हम में जीऊँ.....!!!!!

अपनी जरूरतों को गौढ़ कर
कुटुंब को सर्वप्रिय करूँ,
पूरी करूँ मैं उनकी ख्वाहिशों को.....!!!!!

लक्ष्मी नहीं सिर्फ
गृहलक्ष्मी बन मैं अब
आंगन की तुलसी बनूँ.....!!!!!
दिन रात रहूँ मैं फिक्र में
सुबह में हड़बड़-हड़बड़ कर मैं
शाम का इंतज़ार करूँ......!!!!!
रात को शोर सुन मैं
काम अधूरा छोड़ मैं
लोरी सुनी उसे सुलाऊँ मैं.....!!!!!
अपनी आवाज में
कर्कशता का इतिश्री कर
मधुर बोल मैं पालूँ......!!!!!

जो हो जाये कोई रूष्ठ
मैं ममता भरे शब्दों से सींच उसे
फिर से गुलशन करूँ.....!!!!!
हो वो मेरे उम्र से धिक बड़ा
जो हो जाऊँ मैं मनमौजी
बैठ समझाये मुझे शालीनता संग.....!!!!!

जिम्मेदारियों के बोझ तले मैं
मंथन कर कर्तव्य निभाऊ
रहूँ मैं तत्पर कर्म में.....!!!!!
मैं सम्पूर्ण स्त्री बनना चाहती हूँ
हाँ मैं माँ बनना चाहतीं हूँ
सिर्फ अपने बच्चों की माँ.....!!!!!

18. फिसलती रेत पर मैं और तुम

फिसलती रेत पर मैं और तुम.....!!!!!

चलेंगे हम
नदीश छोर पर
करेंगें अठखेलियाँ हम
उठते लहरों के संग.....!!!!!
कभी दौड़ना तुम
मुझे पकड़ने के खातिर
कभी भागूंगीं मैं
तुम्हें रेत में धकेलने को.....!!!!!

ढलती सांझ
गुजारूंगीं मैं
तुम्हारे पांव पर अपना पांव रखकर.....!!!!!
होगा जब
सूरज लाल
बहेगा सोना जब
बहते समुद्र में
पिघलेंगें हम भी
एक दुसरे के बदन में.....!!!!!
चट्टानों से जब टकरायेंगीं लहरें
करेंगीं बारिश हमपे

चूम लेना तुम
मेरे कपोलों को.....!!!!!

हया से जब
नजरें झुकाने लगूँ मैं
बाहों में कैद कर मुझे
मुस्कुराने देना तुम.....!!!!!
तारे जब
छिटक जायें मंडल पर
हाथ थाम तुम
कुछ दूर चलना.....!!!!
हवायें जब शोर करने लगें,
दूर मलयाली चंदन महकने लगें,
शाही गुलाब जब खिलने लगें,
जुगनूयें जब जगमगाने लगें,
रातरानी जब जगने लगे,
तारे जब सागर में बिखरने लगें,
कानों को होठों से चूमना.....
सिमटने को करूँ जो मैं
तुम चूम लेना मेरे अधरों को.....!!!!!

19. तुम,, मुझे एहसास करना

तुम,, मुझे एहसास करना......!!!!!
जब कोई बच्ची
जिद्द पकड़ गुस्सा करे
समझ लेना तुम
वो मेरी अंश है.....!!!!!

स्टेशन पर जब रहो
कोई कस्तुरी महक
पास होके गुजरे
समझ लेना तुम
बहुत करीब से गुजरीं हूँ मैं तुम्हारे.....!!!!!

कभी कोई बावली
किसी से झगड़ती दिखे
तो समझ लेना तुम
आज झगड़ रही मैं किसी से.....!!!!!

आचानक कभी
सुनाई दे पायल की झनकार
समझ लेना तुम
दी हुई तुम्हारी झांझर
खनक रही आज मेरे पांव पर......!!!!!
अचानक कोई बेला दिखे
जी करें उसे तोड़ने का

समझ लेना तुम
तुम्हारे नर्म हाथों का स्पर्श
एक बार फिर महसूस मैं कर रहीं.....!!!!!
कभी अचानक बाजार में
दिखे मोरपंख
समझ लेना तुम
मंद-मंद मुस्का रही मैं तुम्हें सोच कर.....!!!!!
आकाश में जब भी
बिजली कड़के
समझ लेना तुम
सोच किन्हीं बातों को
उबल रही मैं तुमपे.....!!!!!
बेमौसम जब भी बारिश हो
समझ लेना तुम
तुम्हारी बाहों में सिमट
भींचने की कोशिश कर रहीं हूँ तुम्हें.....!!!!!
कभी अचानक
मेरी कोई तस्वीर दिखे
समझ लेना तुम
आज तश्वीर नीहार रही मैं तुम्हारी......!!!!!
सुनो,,,,
कभी यूँ हीं अचानक रोने का मन करें तुम्हें
रो लेना जी भर करकर
समझ लेना तुम
आज तुम्हारे संग मुझे रोने का मन है.....!!!!!
कहीं दूर उठता दिखे धुआं
समझ लेना तुम
आज फिर से तराश रही एक आकृति
उस उड़ते हुए सिगरेट की धुँध में.....!!!!!

यूँ ही कभी कोई नशे में दिखे
समझ लेना तुम
आज चूर हूँ मैं नशे में......!!!!!!
कभी छोटा-सा जख्म हो जाये
समझ लेना तुम
आज फिर मैं खुद को लहूलुहान कर रही.....!!!!!
हवाओं के झोंके
जब भी तुम्हें परेशान करें
समझ लेना तुम
अब घुल चुकी मैं इसमें.....!!!!!

अचानक बनारस जाना हुआ
समझ लेना तुम
मेरे तर्पण के लिए
मैंने तुम्हें पुकारा था.....!!!!!
कभी मन किया
किसी घाट पर बैठने का
बैठ जाना तुम, कुछ पहर या दो पहर
समझ लेना तुम
इन बहतें जल धारो में
मिल तुम्हारे पांव भिगो रही मैं.....!!!!!

❧❧❧

20. एक-दुजे की बाहों का सूकून

एक-दुजे की बाहों का सूकून.....!!!!!
उसकी बाहों में
मुझे सुकु मिलता है
ना जाने क्यूँ.....
मैं ठहर-सी जाती हूँ
जब वे मुझे
अपने सीने से लगाता है.....!!!!!
रात गुजर जाती मेरी
यूँ हीं पल में
हर रात वो मुझे
अपने सीने से लगा
मेरे बालों को सुलझाता
मेरा एक हाथ
उसके सीने पर रहते
और एक
उसके बाजुओं को जकड़े.....
मेरा दिल
उसके दिल के
करीब होता
सुनती हूँ मैं
उसकी धड़कनों को.....!!!!!

जब सर्द हवायें
जोर करती मुझपर
वो जकड़ मुझे
और करीब कर लेता.....!!!!!
कुछ कहता कभी
एक-आधे शब्द
मैं समझ जाती
उसके मौन को.....
छलक जाते अश्क मेरे
कभी कभी
छुपा लेता वो
अपना अश्क.....!!!!!
चाहते हैं हम
वक़्त ठहर-सा जाये
पर घड़ी की सुईयां
मानों होड़-सी
दौड़ रहीं हों......!!!!!
सिगरेट के धुयें से
कमरें में एक
आकृति गढ़ जाती है
हम खो जाते उनपर
कहानी गढ़ते हम
एक दूजे के संग
मौन हो कर हम
सबकुछ कहतें
सबकुछ सुनतें
एक दुजे से.....!!!!!
ना कोई शिकायत करते
ना शिकवे

ना रूठते हम
ना ही हम झगड़ते
बस मौन हो हम.....!!!!!
दिल की बात
कहते-सुनते
कब चांद सोने को
चला जाता
कब भोर
खिड़की से झांकता
कब सूरज गुर्राता
पता ही ना चलता हमें.....!!!!!
खो जाते हम
एक दुजे के
धड़कनों में
शहर का शोर
शून्य होता
कुछ यूँ
खोयें रहतें हम......!!!!!
रात की घनघोर अँधेरों से
अब भय नहीं लगता
चमकते जुगनूओं की रोशनी में
हम खुद को देख लेतें
चीखते सन्नाटे अब
व्याकुल नहीं करतें
रात रानी के पुष्प
अपने में हमें
मुग्ध कर लेते.....!!!!!
हर रात यूँ हीं
गुजर जाती हमारी

सिमट एक दुजे की बाहों में
रो लेते हम जी भर कर
छुपा कर नजरें
एक दुजे से.....!!!!!

21. तुम नहीं हो, मुझे कभी एहसास नहीं हुआ

तुम नहीं हो, मुझे कभी एहसास नहीं हुआ......!!!!!
जुदा हो गये हो मुझसे तुम
फिर भी.....
रहते हो तुम मेरे
आस-पास ही
हर पल....
पल -पल.....!!!!!

बिखेरते हो तुम
अपने बदन की खुशबू,
हवाओं से लिपट
जब तुम आते हो.....!!!!!
छू लेते हो
करीब से जब तुम
बदन महका देते हो
और रूह को पुकार लेते हो.....!!!!!
तुम्हारे जाने के बाद भी
तुम्हारी गर्माहट
अब भी है
मेरे बदन पर,
अभी भी
शेष है मुझमें

तुम्हारे बदन का वो
गुलाब का इत्र.....!!!!!

कभी-कभी तो
तुम्हें और स्वयं को मैं
अपने समक्ष देखती हूँ
बालकनी में बैठ
कुछ बतियाते.....!!!!!
तुम होते तो क्या होता
सोच-सोच उन्हें मैं
कहती-करती हूँ.....!!!!!
जब कभी उदास होती हूँ
तुम्हे सोच मैं
तकिये को भींच
लेती हूँ
भीगो उन्हें मैं
अपने अश्कों से
तुम्हें महसूस मैं
कर लेती हूँ.....!!!!!
एहसास होता है मुझे
तुम जकड़ रहें मुझे
अपनी बाहों के घेरे में
मैं और भी बिलख
तकिये को जकड़ लेतीं हूँ.....!!!!!
जो होती हूँ मैं
कभी खुश
पाती हूँ कुछ ख्वाब
बैठ कोने में
दीवार से सट कर

महसूस करती हूँ
हूँ मैं तुम्हारी गोद में
बतियाती हूँ फिर मैं
घंटों, पहर तक तुमसे.....!!!!!
हवायें जो चल
जुल्फों को उड़ाती है मेरी
सोच लेतीं हूँ मैं
शरारत कर रहे तुम
आज मेरे गेसुओं संग.....!!!!!
फस जाते हैं जो
मेरे आँचल किसी कोने में
हो रहे तुम रूमानी
ख्याल हो जाता मुझे.....!!!!!
जो कभी लम्बी लगती
रात मुझे
छत पर जा मैं
पुकार तुम्हें
कहतीं हूँ दिन भर के किस्से.....!!!!!

चले गए तुम
तो क्या हुआ
संग तो रहते हो तुम
पल-पल ही मेरे संग.....!!!!!
खुद से ही कहती
खुद से ही सुनती
मैं तुम्हें
सोच-सोच कर
हजारों बातें करती मैं
समझ..... समक्ष हो तुम मेरे.....!!!!!

जो नींद ना आती मुझकों
तकिये से सिमट मैं
तुम्हारे लिखे लोरी
गुनगुना मैं खुद ही
अपने बालों को
सहला लेती मैं.....!!!!!
मन हो तो मुझे
झगड़ भी लेती तुमसे
रूठ मैं तुमसे
सता भी लेती हूँ तुम्हें.....!!!!!

22. तुमसा कोई बने, मैं नहीं चाहती

तुमसा कोई बने, मैं नहीं चाहती......!!!!!
मेरा प्रेम तुमसे ना हो कर
तुम्हारे प्रेम से है
तुम्हारे उस समर्पण से है
जो तुम्हारे अपने प्रेम पर है......!!!!!

मुझे तुमसे कोई लगाव नहीं
है झुकाव तुम्हारे उस पाक प्रेम से.....!!!!!

मेरे हृदय में
तुम्हारे प्रति ना द्वेष है ना कुंठा
तुम सिर्फ जरिया हो
तुम्हारे प्रेम को अनुभूति करने को.....!!!!!

जब-जब देखती हूँ तुम्हें मैं
मन में उथल होती
रहूं मैं भी समर्पित
किसी के खातिर, ठीक वैसे ही
जैसे तुम हो उसके प्रति.....!!!!!

तात्पर्य ये नहीं मेरा
है मुझे तुमसे तनिक भी प्रेम

मानती हूँ मैं तुम्हें
एक आदि ग्रन्थ
सिखाती है जो मुझे प्रेम समर्पण
पूजती हूँ मैं तुम्हें
एक पारस पत्थर-सा
वाद देता जे मुझे प्रेम समर्पण का.....!!!!!
नहीं होती मुझे तनिक भी ईर्ष्या
जो बसी है तुम्हारे हृदय में
रहती है तुम्हारे रोम-रोम में
अपतु होती श्रध्दा मुझे आदि तक
रहूँ मैं भी समर्पित ऐसे
किसी की खातिर
जैसे तुम हो सम्पूर्ण समर्पित उसकी खातिर.....!!!!

हूँ मैं क्या
तुम्हारी नजरों में
फिक्र नही मुझे पल भी
थे तुम मेरे लिए पूज्यनीय
हो तुम आज भी
और शाश्वत तक रहोगे
मेरे लिए तुम पूज्यनीय ही.....!!!!!
तुमने कभी मुझे
सिखलाया नहीं समर्पित होना
चेष्टा नहीं की तुमने कभी
प्रेम को व्याख्यित करने की
किन्तु,,,,,
मैं सीखती आ रही तुमसे
समर्पित होना
समझ जाती हूँ मैं

प्रेम की कोई एक नई व्याख्या
जब-जब तुम्हें देखतीं हूँ मैं.....!!!!!
जितनी दफ़ा देखतीं हूँ तुम्हें मैं
उतनी दफ़ा और समर्पित
लगते हो तुम उसके प्रति......!!!!!
मैं समर्पित होना चाहतीं हूँ
किसी से प्रेम करना चाहती हूँ
जैसे तुम हो समर्पित उसपर
जैसे करते हो तुम प्रेम उससे.....!!!!!
चाहतीं हूँ मैं भी
हठ कर सती-सा
शिव को पा लूँ
किन्तु,,,,,
नहीं चाहती मैं
जल भस्म हो मैं
विरक्त बना शिव सा
रूद्र अवतार धाराऊँ.....!!!!!
वचन देती हूँ मैं
कभी हठ कर मैं
जलूर्गी नहीं
इस दुनियाँ में अकेला छोड़ उसे
कभी नहीं जाऊंगी मैं
क्योंकि,,,,,
मैंने देखा है तुम्हें
विलाप करते
जाना है मैंने शिव का वैरागी होना.....!!!!!
मैं नहीं चाहती
वो भी बने पत्थर-सा
जैसे तुम बन गये हो पत्थर से.....!!!!!

निधि गुप्ता

• 71 •

23. ये मेरी कोरी कल्पना नहीं

ये मेरी कोरी कल्पना नहीं......!!!!!
हर रोज मैं
अपने भीगे गेसुओं को
तुम्हारे होंठो के पास ला झटकुगीं
तुम्हारी आँखों में सोई नींद को
जुल्फों से जगा दूंगी.....!!!!!
देखोगे तुम
हसता हुआ मुखड़ा मेरा
झुकी रहूंगी मैं
चूमने तुम्हारे अधरों को.....!!!!!
सीने से लिपट मैं तुम्हारे
कुछ शरारत करूगीं
तुम कमर से मुझे जकड़ लेना.....!!!!!
लड़ने देना तुम
हमारे होंठो को
बहस करने देना तुम
हमारे आँखों को
उलझनें देना तुम
हमारे पांव को
बहकने देना तुम
हमारे हाथों को.....!!!!!
मेरी पायल की गूँज को
समझना तुम हर इशारा
चूड़ियों की खनखनाहट

समझना तुम मेरी रजा
उतारुं जो कान की बाली मैं
पास आ तुम
पीछे से आगोश में भर लेना......!!!!!
गले का हार
उतार देना तुम
जो रोके वो तुम्हें
मेरी गर्दन को चूमने से.....!!!!!
मेरे होठों की लाली
बिखेर तुम भर देना
अपने अधरों का रंग.....!!!!!
चूम आँखों को
काजल बहा कर
भर देना तुम उसमें
अपना स्नेह.....!!!!!
माथे को चूम तुम
भर देना मेरी मांग
अपने दुलार से.....!!!!!
नहीं जाना
ये नहीं मेरी कल्पना.......
किसी ने टोका था
लिखती क्यों नहीं तुम
कोई रात की पहेली
मरघट नहीं लिखो तुम कुछ रूमानी
यूँ ही
लिख दिया सोच तुम्हें
वरना है तो मेरे दायरें बेहद सीमित......!!!!!
नहीं हूँ मैं रूमानी
नहीं आता मुझे रात ठहराना

नहीं जानती मैं प्यार जतलाना
मेरे लिए तो पर्याप्त हबस बैठी रहूँ तुम्हारे साथ
रात भर पत्थर पर
जहाँ डूबें हों
हमारे पांव घुटने से नीचे तक
पारदर्शी निर्मल जल में.....!!!!!

ना चांदनी रात की चाह
ना सितारों भर आसमान की चाह
बस तुम संग हो......!!!!!
कभी हाथ थामें रहो तुम मेरा
कभी कान्धे पर सिर टिका रहे मेरा
कभी गोद में सो जाऊँ तो
कभी सिमट जाऊँ तुम्हारे सीने से
ना तुम कुछ बोलो
रहूँ मैं बिलकुल मौन.....!!!!!

इतना प्यार हो तुम्हारे छुअन में
कि मेरा बदन कांपे नहीं
पिघल जाये तुम्हारे आगोश में
बस इतनी ही चरम काँक्षा है मेरी
तुम्हारे संग......
और क्या चाहत मुझे
इसके सिवा.....!!!!!

24. एक दिन के लिए प्रेमिका बनना है मुझे

एक दिन के लिए प्रेमिका बनना है मुझे.....!!!!!
विवाह से पूर्व
हम एक रात मिलेंगे
दुनियाँ से छुप कर......!!!!!

चलेंगे हम दूर सन्नाटे में
बैठेंगे एक पत्थर पर
जहाँ स्पर्श करेंगें
नन्हें-नन्हें कोमल क्रिश्लय घास
हमारे पांव के अंगूठे को.....!!!!!

आसमान भर होगा सितारों से
नहीं, चांद नहीं होगा.....
मैं नहीं चाहती चांद हो
क्योंकि,,,,,
क्योंकि अक्सर प्रेमी जोड़े
वक्त जाया करतें हैं
निहार उस दाग चांद को.....
मैं नहीं चाहती
मैं जाया करूँ एक भी पल
जब-जब तुम संग रहो
मैं निहारना चाहती हूँ तुम्हें.....!!!!!

मैं,,,,,
परिणय में बंधने से पहले
मैं बंधना चाहती हूँ तुम्हारे प्रणय में
मैं तुम्हारी अर्धांगिनी बनने से पहले
मैं तुम्हारी प्रेयसी बनना चाहतीं हूँ......!!!!!
तुम्हारे संग जिंदगी गुजारने से पहले
गुजारना चाहती हूँ मैं
एक पहर संग तुम्हारे.....!!!!!
हक के साथ संग रहने से पहले
डर से एक पहर गुजारना चाहती हूँ
मैं तुम्हारे संग,
तुम्हारे कान्धे पर सर रख
तुम्हारे बाजुओं को पकड़
एक पहर बैठना चाहती हूँ मैं
संग तुम्हारे......!!!!!
सात वचन लेने से पहले
देना चाहतीं हूँ
कुछ वादें कुछ कसमें मैं.....!!!!!
मंगलसूत्र पहनने से पहले
पहनना चाहती हूँ मैं
तुम्हारी बाहों का हार.....!!!!!
विवाह से पूर्व मैं
तुमसे निडर हो झगड़ना चाहती हूँ.....!!!!!

तुम्हारी पत्नी होने से पूर्व मैं
तुम्हारी प्रेमिका बन
तुम्हारे संग
एक पहर जीना चाहती हूँ मैं.....!!!!!

निधि गुप्ता

25. नदी के किनारे जंगल में

नदी के किनारे जंगल में......!!!!!

चलोगे तुम.... मेरे संग?
बर्फ की वादियों में
जहाँ हम बैठेंगे
होगी किनारे एक हिम झील
पास जलायेंगे हम एक अग्नि
जलेगी वो अरूण-सा लाली लिए,
पिघलेगी सफेद चादर देख हमारा प्रणय.....!!!!!
दिन का अंतिम पहर हो.....
विरान-सी रहें हों.....
शून्य-सा क्षितिज हो.....
कोहरे की धुंध हो.....
ठहरी रहे धरा.....
हवायें जड़ रहें.....
पंछी अपने नीड़ में बैठे रहें.....
और हम दबे रहे.....
एक दुसरे की गर्माहट से.....!!!!!

हम सटे रहेगें
एक अमलतास की जड़ से,
रहे-रहे वो
वर्षा करेगा हम पर अपनी
अनछुई-कोमल-अस्पृश्य

अरूणमई केतन पंखुड़ियों से.....!!!!!
ओस की बूंदें
रहें-रहें करेंगे हमसे शरारत
पत्तियों की झुरमुट
मंद-मंद संगीत धुनेगा.....!!!!
हम बैठे रहेगें
ऐसे यूँ हीं खामोशी से
चलोगे ना तुम मेरे संग?
बर्फ की वादियों में
एक दिन का अन्तिम पहर गुजारने.....!!!!!

26. ये फितूर पूरा होगा क्या

ये फितूर पूरा होगा क्या......!!!!!

क्या,,,,

ऐसा नहीं हो सकता

यूँ हम कहीं जा रहें हो

अचानक टकरा जाये हम

हाँ, जैसे फिल्मों में होता है

कुछ लगभग वैसा ही.....!!!!!

अचानक हवायें चलने लगें

मेरी जुल्फें उड़ने लगे

..... कोई..... रोमन्टिक गाना या फिर

कोई गिटार की धुन बजने लगे......!!!!!

झटके से जब हम

टकरायें एक दूसरे से

गिरते-गिरते रहूँ मैं....

और तुम खुद

गिरते-गिरते

मुझे सम्भालो.....!!!!!

हाँ मैं चाहता हूँ

उस वक्त मेरे हाथों पर

कुछ हो......

फाईल्स या फिर सब्जियां.......?

ना जाने कहाँ से
ये फूल आ कर
बारिश करने लगीं.....
और हमें भिगो दिया
अपने ही महक से......!!!!!

बरस पड़ू मैं तुम पर
और तुम मुस्कुरा
वो बिखरे समान उठाओ......!!!!!
हाँ,,,,
मैं बड़े झुमकों के साथ
पंजाबी सूट और
राज्यस्थानी मोजड़ी पहने रहूंगी
बाल तो..... खुले ही रहेंगे.....!!!!!

पर तुम प्लीज़
ब्लैक शर्ट और ब्लू जींस में रहना
और हाँ
बीयर्डस में रहना.....!!!!!

मैं चाहती हूँ
तुम मुझे पहचान लो
की हूँ मैं निधि
परन्तु रहूं मैं तुमसे अनजान......!!!!!

क्योंकि
मैं दिखना चाहती हूँ
तुम्हें वैसे ही

जैसे की मैं हूँ वास्तविक में,
कोई कृत्रिम नहीं
कोई बनावट नहीं
वही बेबक रहूँ मैं
जब तुम मिले......!!!!!

चाहती हूँ मैं
तुम मिलो उसी
टूटकर बरसने वाली निधि से
जो बिन फिक्र किये
बरस जाती है
झड़प जाती है
हर एक से.....
तुम मिलो उसी निधि से......!!!!!!

27. पुरानी बातों की खातिर

पुरानी बातों की खातिर......!!!!!
मैं,,,,,,
तुम्हारे संग
एक शाम गुजारना चाहती हूँ
हाँ, सच में.....!
खुली छत पर
अमावस्या की तिमिर रजनी में
हवाओं की प्रचंडता में
मैं तुम्हारे साथ
एक रात गुजारना चाहती हूँ.....!
मैं तुमसे कहूंगीं,
तुम सुनोगे,
तुम सिर्फ और सिर्फ सुनोगे,
मैं कहूंगीं सबकुछ,
उस रात जो दफ़न है अब तक
मेरे दिल के कब्र में.....!

मैं नशे में चूर हो
धुंध से ,
आकृति खींचूगीं
तुम मौन हो
सब देखना.....!

तुम्हारे समक्ष आ कर मैं

तुमसे सवाल करूगीं
क्यू?
क्यूँ किया ऐसा?
तुम मुँह फेर लेना.....!

मेरे बहते अश्कों को
तुम मत देखना
फिकर में रहना अपने
जायज हो रहे वक्त के.....!

मैं गिनाऊँगीं
तुम्हारी हर गलती
तुम गिनना उन्हें
एक-एक कर
अपनी हथेलियों के ऊंगलियों से,
गिनना बंद करना तुम,
कम पड़ जायेगीं
उंगलियाँ तुम्हारी.....!

तुम मौन ही रहना उस रात
उस रात मैं कहूंगीं सिर्फ
सबकुछ सुनना
स्तम्भ हो कर तुम.....!

गिनाऊँगीं मैं तुम्हें
तुम्हारे सारे वादे को,
याद दिलाऊँगीं मैं तुम्हें
गुजारें हुए हर लम्हें को,
स्मरण कराऊंगी मैं तुम्हें

तुम्हारे किये हुए प्रेम के इकरार को.....!

गाऊगीं मैं वो गीत
जो रचा था तुमने ,मेरे लिए,
बतलाऊगीं मैं तुम्हें
तुम्हारे वो महसूस के पल
जो गुजारें थे तुमने
संग मेरे अलकों के छांव तले,
तुम्हारी हथेलियां ले मैं
अपनी हथेलियों से जकड़
याद दिलाऊँगीं
उन गर्म स्पर्श को.... !

उस काली
घनघोर रात में
सिर्फ मेरी आवाज
गूंज होगी.....!

बहेगा दरिया उस रात
मेरे अश्कों का,
मेरे दिल से निकलेगी
तुम्हारी हर एक शिकायत,
तुम सुनना सिर्फ
कहना मत कुछ तुम.....!

लड़खड़ाने देना
तुम मुझे
नशे में लिप्त होकर,
टोकना मत तुम

मेरे अधरों को.....!

हवाओं का शोर
शान्त कर मैं
अपनी गूंज का
वर्चस्व कायम करूगीं....!

चमगादड़ों की फड़फड़ाहट को
घूर मैं उड़ा दूगीं,
उल्लुओं की कोलाहल को
चीख मैं सुला दूगीं.....!

हाँ,
मुझे तुम रोने देना,
जी भर कर बिलखने देना,
अपनी झूठी मुस्कान को
उस शाम मुझे भुलाने देना.....!

दूर खण्डहर के दियें
भभक जल-बुझ रहें होगें
मेरी तरह वो भी
जल-जल अंतिम घड़ी
गिन रहें होगें....!

कहने देना मुझे सब कुछ
उस रात तुम
वक्त की कमी ना कहना
एक रात फिर से तुम
मेरे संग गुजारना....!

एक बार फिर तुम मुझे
अपनी बाहों में बिलखने देना
अपनी गर्म हथेलियों से
एक बार फिर से
मेरी पीठ सहला देना.....!

मेरी लटों को
एक बार फिर
हटा तुम
मेरी आँखों को चूम लेना.....!

अपनी गर्म सांसों को
एक बार फिर से
मेरी गर्दन से तुम
टकराने देना.....!

एक बार फिर,
हाँ फिर से
बाहों में मुझे जकड़ तुम
कानों में कुछ
बुदबुदा जाना.....!

एक बार फिर से तुम
मेरे होठों के करीब आना,
ऊगलियाँ रख मैं तुम्हारे अधरों पर
अधरों से कुछ कहने को होऊंगीं
तुम रख उंगलियाँ मेरे अधरों पर
मौन कर तुम उन्हें,चूम लेना....!

उस शाम
तुम फिर से
सब कुछ दोहराना
मौन हो कर,
मैं कहूंगीं सब कुछ
अपने कांपते होठों से,
लड़खड़ाते जुबान से,
टूटे-फूटे शब्दों से,
आँसुओं से सींच कर,
मैं तुम्हें कहूंगीं
तुम सुनना मुझे
उस शाम.....!

मेरे बदन पर
तुम्हारी अठखेलियाँ करते हुए
उन ऊगलियों को ,
फिर से मैं
अपने देहं पर
स्पर्श करा
कुछ स्मरण कराऊंगी तुम्हें.....!

अपने पांव में
फिर से
कांटा चुभा कर, तुम्हें मैं
बहते रक्त का स्मरण कराऊंगी.....!

घुंघरूओं का शोर कर मैं, तुम्हें
बीते हुए कल में ले जाऊंगीं.....!

तुम्हारे करीब आ
मैं तुम्हें
अपना प्यार ,मौन हो
आँसूओं के संग जतलाऊंगी.....!

टूटी हूँ मैं कितना,
उस शाम , गुजार मेरे संग
तुम ,देख मुझे
महसूस करना....!

मेरी तबाही तुम
अपनी आँखों से देखना
तुम्हारी गलती से तुम
मुझे मरते देखना....!

उस शाम तुम
देखना मुझे
मरते हुए....!

कुदरत का नायाब कृति
देखना तुम मुझमें
सांस भी होगी मुझमें
रक्त भी होगा मुझमें
दिल भी, धड़कन भी
जान भी होगी मुझमें
पर रहूंगी मैं
पत्थर-सी,
देखना तुम

एक मृत शरीर
कैसा होता है,
अपनी आँखों में
कैद करना वो पल
जब मैं
तुम्हारे सामने
टूटकर
बिलख रही होऊगीं,
देखना तुम
तुम्हारी गलती मुझे पर
कैसे प्रहार करतीं हैं
हाँ, उसी शाम तुम
देखना सबकुछ.....!!!!!

28. रोना चाहिए

रोना चाहिए......!!!!!

दिल करता है,
कि एक दिन
मैं रो लूँ....
हाँ, सच में
हाँ, जी भर के.....!!!!!

बंद कमरें में
सिसकियां ले लूँ मैं
भर-भर कर,
जमा है जो सैलाब
अब तक सीने में जो
दरिया बना कर
बहा दूँ मैं उसे.....!!!!!

एक दिन
विलाप कर लूँ मैं
तुम्हें खोने की खातिर
आँखें मल-मल मैं
उन्हें सुजा कर
लाल कर लूँ.....!!!!!

बिलख कर मैं

जी भर रो लूँ
बिन अश्कों को छिपाये.....!!!!!

और....
और तुम आकर मेरे करीब
तुम मुझे सीने से लगा
जी भर कर
क्रंदन करने देना.....!!!!!

कहूँ मैं कुछ
टूटे-फूटे शब्द
समझ तुम उन्हें
मेरे बालों पर हाथ फेर
अपनी आँखों को
तुम भारी करना.....!!!!!

करने देना तुम मुझे
जी भर कर क्रंदन,
मुझे अपने काजल के नींसा
तुम्हारे शर्ट पर
छोड़ने देना.....!!!!!
सिसकियों में नहीं,
तुम मुझे
दहाड़े मार, रोने देना
अपनी झूठी
मुस्कान का मुखौटा
तुम मुझे
आज उतारने देना.....!!!!!

प्रौढ़ता को त्याग
मुझे तुम
बच्चों की तरह
रोने देना.....!!!!!
टोकना मत तुम,
ना चुमकारना मुझे,
स्वयं के आसुओं से मुझे तुम भीगने देना......!!!!!
वर्षों का सागर
भरा पड़ा है,
दरिया से बन उन्हें तुम
बिन सवाल किये
बहने देना.....!!!!!

जब हो जाऊँ मैं शिथिल
रूदन से,
तुम मुझे रहने देना
अपनी बाहों में.....!!!!!

वजह मत पूछना तुम
मेरे क्रूदन का,
सवाल मत करना तुम
मेरे विलाप का,
प्रश्न मत उठाना तुम
मेरे रोने पर,
बस समझ जाना तुम
मेरे मौन को, खामोशी को
जैसे अक्सर समझ जाते हो तुम मेरे
एहसासों को.....!!!!!

बेहताश हो मुझे तुम
रोने देना......!!!!!

29. अंतिम श्रृंगार तुम करो

अंतिम श्रृंगार तुम करो......!!!!!
मैं चाहती हूँ
मेरे अंतिम समय के
शेष बाकी कुछ दिन
बीते नहीं गुजरे तुम्हारे संग.....!!!!!

मैं चाहती हूँ
शेष बची मेरी सांसें
तुम्हारी मौजूदगी में
उनकी इतिश्री हो.....!!!!!

उन बचे हुए दिनों में तुम
समर्पण रहो मुझपे
जैसे,,,, दुनिया समझती है
हूँ मैं तुमपे समर्पित.....!!!!!
मैं चुभना चाहती हूँ लोगों में
ठीक वैसे ही
जैसे तुम चुभते हो
लोगों को,
हूँ मैं तुमपे समर्पित पूर्णतः
होता प्रतीत उन्हें ऐसा.....!!!!!
मैं नहीं चाहती
तुम अपना प्रेम उड़ेलो मुझपर,
तरस खा कर मुझ पर

तुम अपना समर्पण करो मुझपर.....!!!!!
मैं चाहती हूँ
जब मेरी सांसें ठंडी हो
शैनैः शैनैः
तुम तब मेरे समक्ष रहो,,,,,
मैं तुम्हें देख अपनी पलकें
बंद करना चाहती हूँ.....!!!!!
चाहती हूँ
मेरे अंतिम दिनों में तुम
कुछ फिक्र करो मेरी
मेरे कहाराने में तुम थोड़ा व्याकुल हो.....!!!!!

उन गुजरते हुए दिनों में तुम
अपने हाथों से मुझे खिलाओ
जो "ना" करूँ मैं
निवाले की खातिर
तुम दुलार कर खिलाओ.....!!!!!
चाहती हूँ मैं
सो जाऊँ मैं जो
चादर ओढ़ा मुझे तुम
माथे पर हाथ फेर देना,
बैठो रहो पास तुम मेरे
करीब होके तुम
यूँ ही रात भर
थाम मेरी उंगलियों को
अपनी हथेलियों से.....!!!!!
मैं चाहती हूँ
मेरी मृत्यु तुम्हारी बाहों में हो
मेरे अंतिम शब्दों को

सिर्फ तुम सुन सको
मेरे कर्ण में अंतिम खनक
सिर्फ तुम्हारे आवाजों की गूंज हो
मेरी देंह में
सिर्फ तुम्हारा स्पर्श शेष हो.....!!!!!
मेरी बंद हो रही पलकों को
भीगो अपने अश्कों से
तुम मुझे जगा देना
रहे तस्सली दिल में मेरे
हूँ मैं कुछ तुम्हारे लिए
है मेरा भी कुछ अस्तित्व समक्ष तुम्हारे.....!!!!!
मरते वक़्त मैं
सिर्फ तुम्हारी तस्वीर कैद करना चाहती हूँ,
मैं चाहती हूँ
उस कमरें में सिर्फ
तुम्हारी खुश्बू हो
सिर्फ तुम्हारा एहसास हो.....!!!!!
मैं चाहती हूँ
मेरे अंतिम पलों में
मेरे देंह का सम्पूर्ण भार
तुम्हारे देंह पर हो.....!!!!!
चाहती हूँ मैं
जब मेरी सांसें रूकने को आतुर हो
तब तुम अपने कुछ गर्म आसूं
उड़ेल देना मुझ पर.....!!!!!

मैं चाहती हूँ
इस धरती पर मेरा
अंतिम श्रृंगार तुम करो.....!!!!!

ये लाल इश्क़

30. एक पल रूक तुम सुन लेना

एक पल रूक तुम सुन लेना........!!!!!

मैं चाहती हूँ
मेरी मौत साधारण ना हो कर
बहुत ही तकलीफ़ देह हो.....!!!!!

मेरे प्राण यूँ ही ना निकले
रूक-रूक सांसें चलती रहें.....!!!!!

मेरे देंह पर जख्म हो हजार
कुछ उंगलियों के बाद.....!!!!!

रक्त निकल उनमें से
बहें वो
जैसे रूकी हुई कोई नदी सी.....!!!!!

मैं पुकारती रहूँ तुम्हें
तुम्हें खबर ही ना हो इसकी.....!!!!!

द्वार पर
टिकीं रहें निगाहें मेरी
परिंदे की आहट में,

ख्वाब करूँ मैं तुम्हें.....!!!!!
मेरी आँखें
भरी रहें
आंसुओं के सागर से,
तड़पती रहूँ मैं
अर्ध कटे जिस्म से,
प्यासी रहूँ मैं
तुम्हारी एक झलक को,
कंठ सूख रहे मेरे
तुमसे कुछ कहने को.....!!!!!

चाहती हूँ मैं
कोई समीप ना हो मेरे
रहूँ मैं अकेले
जब प्राण निकले
मेरे जिस्म से....!!!!

तुम्हारे स्पर्श को
तरसती रहूँ मैं
कोई हाथ थाम मेरा
रो ना सके.....!!!!!
कहना चाहूँ मैं बहुत कुछ
लिखना चाहूँ मैं बहुत कुछ
पर कह ना पाऊँ तुमसे मैं कुछ
बेबस हो
रक्त से गीलें कर दूँ मैं
वो कोरे सित कागज़.....!!!!!
तड़पती रहूँ मैं
उस बंद कमरें में मैं

उमस में रहूँ मैं

भीगती जाऊँ मैं

अपने ही रक्त से मैं.....!!!!!

अंतिम पल तक

पुकारती रहूँ तुम्हें मैं

सांसें रूके जब

स्तम्भ हो मेरी आखें

टिकी रहें वे द्वार पर.....!!!!!

रहे दिल में कैद

मेरे जज़्बात,

ना सुन सको तुम

मेरे अल्फ़ाज़,

ना सुन पाओ तुम

मेरी चीख,

ना मौन करे इशारा तुम्हें.....!!!!!

जब राख हो जाऊ मैं

खबर हो तब तुम्हें,

एक पल रूक तुम

सुन लेना

मौत को पा गई मैं.....!!!!!

31. ये रंगमंच का खेल

ये रंगमंच का खेल.......!!!!!
मैं,,,,,
चाहती हूँ,
एक नाटक रचना,
मुख्य किरदार
मैं स्वयं को चुनुंगीं
फिर खोजुंगीं मैं
एक नायक को,
तुम दर्शक होगे.....
जो अग्रणी पंक्ति में बैठा होता है,,,,,
हाँ, वही दर्शक होगे तुम.....!!!!!
कथानक होगा
अत्यधिक रूमानी
नहीं, कोई कामुक दृश्य ना होगा उसमें,
होगा आलिंगन मेरा और उसका,
वो ठीक मुझे वैसे ही पकड़ेगा
जैसे तुम पकड़े थे मुझे कभी,
..... कमर से जकड़ लिया था
हाँ, ठीक वैसा ही.....
याद है ना तुम्हें?
उसकी सांसें ठीक वैसे ही टकरायेगीं
मेरी गर्दन से
जैसे टकराती थी कभी
तुम्हारी, मेरी सांसें

एक दुसरे के गर्दन से......
हाँ, ऐसा सबकुछ होगा
उस नाटक में.....
तुम सिर्फ दर्शक होगे.....!!!!!

अभिनय अपने चरम पर होगा.....
तुमसे सीखा है मैंने
बारीक अभिनय का गुण,
दे दुंगी इसका ज्ञान उसे मैं,
फिर मैं उस मंच शाला पर
अभिनय करूंगी समर्पण का......
हाँ ठीक वैसा ही,,,,
जैसी थी मैं तुम पर समर्पित यथार्थ में.....!!!!!
नहीं,,,,
नहीं , मेरा मकसद ये नहीं
कि, तुम याद कर उन पलों को
फिर से एक हो जायें हम.....!!!!!

मैं,,,,
करूंगीं इसलिए
दोहराऊगीं इसलिए ताकि,,,,
ताकि तुम महसूस कर सके
वो दर्द, वो तड़प
जो मैंने किया था
देख तुम्हें गैर की बांहों में,,,,
हाँ, मेरे लिए गैर ही थी वो
तुम्हारे लिए तो दिलरुबा थी.....!!!!!
तुम तो घिरे थे
एक नहीं, हजारों से

मात्र एक दिन नहीं, हर रोज,
एक पल नहीं सम्पूर्ण पहर तुम
बिन कोई मंच शाला पर
लेटे थे तुम अपनी शैय्या पर......!!!!!

किन्तु,,
यहाँ सबकुछ नाटक होगा,
मैं बता कर करूगीं सबकुछ,
अभिनय है ये मात्र
एक ही दिन होगा
एक ही घंटा होगा
और एक ही शख़्स...... आलिंगन करेगा मुझे
सिर्फ एक शख़्स
वही नायक.....!!!!!

किन्तु,,,,
तुम्हारे संग रहे
इतना तो समझ गई मैं कि,,,,
ये अभिनय ही
पर्याप्त है तुम्हें झकझोरने को.....!!!!!
मैं वो सब अभिनय करूंगी
जो वास्तविक घटित था,,,,,संग तुम्हारे,
मैं रटाऊंगीं नायक को,,,
तुम्हारे आलिंगन.....
तुम्हारे स्पर्श.....
और तुम सिर्फ दर्शक होगे.....!!!!!
मैं चाहतीं हूँ
कि इस अभिनय में मैं
इतना डूब जाऊँ की

"कर रही मैं अभिनय"
स्मरण ना रहे मुझकों
क्योंकि,,,,,
मैं दोहराना चाहतीं हूँ
वही किस्से, वही आलिंगन
ताकि,,,,,
विस्मरण हो जाये मुझे
गुजारे हुए तुम्हारे साथ लम्हें,
तुम्हारे आलिंगन......!!!!!
मैं चाहतीं हूँ
वो मेरे बदन को
कुछ इस कदर जकड़े वो कि......
भूल जांऊ मैं
तुम्हारे स्पर्श.....
याद रहे उसकी जकड़न......
तुम देखोगे ये सब कुछ
एक दर्शक बनकर ही
बैठ अग्रणी पंक्ति में.....!!!!!
किन्तु,,,
किन्तु चाहती ये भी निधि की
वो नायक.....
निभाये इसे,
महज़ अभिनय समझ कर,
करे ना महसूस वो....
मेरे रूह के.....
मेरे खुशबुओं को......
शून्य ही रहें
भाव उसका ,,,,खातिर मेरे.....!!!!!

नहीं,,,,,
फिक्र मत करो
मुझे महसूस नहीं होगा वो
ना एहसास होगा.... उसका स्पर्श
क्योंकि,,,,,
जितने थे यंत्र मेरे अंदर समाये
टूट गयें वो
जब दिखाया था तुमने अपना चहेरा
अब नहीं होता
कुछ भी एहसास
कोई मरे या जीये
ना आंसू आते ना मुस्कान अब मुझे.....!!!!!

तुम्हारे अभिनय से मैं
सीख गई प्रौढ़ अभिनय,
किन्तु,,,,,
अब तुम बन गयें एक दर्शक
और मैं बन गई
नायिका......
आपने ही रचाये नाटक का.....!!!!!

ये सब जो
घटित होगा अभिनय
इन सबके दौरान तुम
रहोगे महज एक दर्शक ही......!!!!!
पीटनी होगी तुम्हें
तालियाँ मेरे अभिनय पर,
नायक का वास्तविक गुरु
तुम होगे...... हाँ तुम ही,

किन्तु,,,,
कह नही पाओगे तुम दुनिया को.....!!!!!

वो कथानक वास्तविक होगा
घटित हुआ था संग तुम्हारे
तुम चाह कर भी
बता नहीं सकोगे.....!!!!!
नायिका की तारीफ
करेगा हर कोई
ख्वाहिशें पलने लगेगी दिलों में
मिले ऐसी समर्पित प्रेमिका,
किन्तु तुम
कह नही सकोगे,
रहोगे बेहद बेबस
थी ठीक ऐसी ही प्रेमिका मेरी
या सच कहूँ
यही प्रेमिका.....!!!!!
तुम दर्शक बन सिर्फ
तालियाँ पीटोगे
ना चाहते हुए भी......
मलोगे हाथ तुम
फिर भी मैं वापस लौट कर नही आऊंगी.....!!!!!

32. मेरा जतन निर्थक रहा ता-उम्र

मेरा जतन निर्थक रहा ता-उम्र.....!!!!!
मैं यूँहीं निर्थक प्रयत्न करती रही
असाध्य वीणा में तान छेड़ने को
व्यर्थ ही करती रही जतन
सुर की बागवानी करने को.....!!!!!
नहीं हूँ मैं केशकम्बली
ना तुम हो कोई असाध्य वीणा
हो तुम मनु
मैं नहीं श्रद्धा ज्ञात मुझे.....!!!!!
भ्रम में रहतीं हूँ
पालती हूँ मैं कुछ कोरे ख्वाब़
जो बिखर जाते हैं जगती जो नींद से,
तुम कुछ चंदर से हो
मैं अधुरी सुधा -सी.....!!!!!

तुम महक तो गये सम्पूर्ण सृष्टि में
मैं पिली ना पाई अपने अंश को सुधाचन
गूंजती रहीं किलकारियां घर आंगन में
देवकी का सूना पड़ा रहा बचपन का आँचल.....!!!!

जतन करती रही मैं
खनक कर बजने को, झिलमिलाने को

किन्तु रही मैं हमेशा
मौन हो चीखने को.....!!!!!
ना बजी मेरी पांव की झांझर
ना खनकी मेरी क्लाई की चूड़ियाँ
ना महका मेरे बालों का गजरा
ना छलका मेरे गालों की लाली.....!!!!!

छलक गयें मेरे आँखों के नीर.....
उलझ गयें मेरे केश....
चुभ गई मेरी हाथ में वो कांच की चूड़ियाँ.....
टूट गई मेरे पाँव का वो पांव जेब....
फिर भी रह गई मैं
मौन ही स्तम्भ ही.....!!!!!
ना चीखीं , ना चिल्लाई मैं
बस बंद कर कानों को मैंने
सब सुना, सब देखा अपने इन्हीं आँखों से.....!!!!!
मेरे कानों में गूंजता रहा शोर
मेरे ही मौन का

चुप-चुप-चुप,
शोर इतना कि
आतुर हो उठे मेरे मस्तक फटने को,
यूँ बड़ी-बड़ी आँखें
सिकुड़ छोटी होती गई मेरी.....!!!!!

जतन किये मैंने ढेरों
यूंही निर्थक असाध्य वीणा में तान भरने को
किन्तु, छेड़ी ना उसने एक भी तान,
उम्र बीत गई मेरी यूँ हीं
निर्थक प्रयत्न में.....!!!!

शार्पित था ,या
था कोई उसमें काला जादू , या
थी उसकी जिद्द, धुन ना छेड़ने को, या
था मन उसका मुझसे ना बजने को.....!!!!!

ना राजा में उत्कर्षा थी

ना रानी में जिज्ञासा थी

ना प्रजा में उत्कंठा थी

ना विद्वानों में घंमड था

ना अतिथियों में होड़ था.....

था सबकुछ निरष ही

पूरा जीवन रहा हर्षहीन ही.....!!!!!

किन्तु......

जो भी था

है ये हकीकत

मेरा जतन निर्थक ही रहा

ताउम्र तक

छेड़ ना सकी मैं तान को.....!!!!!

☙❧☙❧☙

33. कोई तो बता दो मुझे

कोई तो बता दो मुझे......!!!!!
पता नहीं....
क्या पा लिया मैंने....
छीनना चाहता उसे हर कोई.....!!!!!

सांस तो है मुझमें.....
लोगों की तरह,,,
ना जाने क्यूं
रूक-रूक आती है मुझे.....!!!!!
था जो कुछ तुम्हारा
तुम पर लुटा दिया,
है जो मेरा , लुटा दिया तुम पर ही.....
अपना अस्तित्व....
अपना व्यक्तित्व....
सब कुछ तो मिटा दिया मैंने
तुम्हारी एक पल की मुस्कान की खातिर.....!!!!!

क्या कहूँ,
कैसे कहूँ,
समझो जो तुम मेरे एहसासों को
प्रेम है अपार हृदय में मेरे
खातिर तुम्हारे,
क्यूँ है द्वेष
तुम्हारे हृदय में.....!!!!

मन्नत मांगें.....
धागे बान्धें.....
चादर चढाई.....
ना आई फिर भी मुस्कान तुम्हें.....!!!!!
खिलखिलाहट मेरी
चुभती तुम्हें.....
मुस्कान मेरी
भाती नहीं तुम्हें....
उदास चहेरा तुम्हारा
जान लेती मेरी....
तुम्हारा एक बूंद आंसू
व्याकुल करती मुझे.....!!!!!

क्या है मेरे पास
कुछ है कीमती?
जो लेना है तुम्हें.....
नहीं ज्ञात इसका मुझे
कहे दो.... कहे दो तुम
एक बार इशारा कर दो,
जान भी दे दुं मैं तुम्हें.....
रहे यदि मुस्कान
होंठों पर तुम्हारे
रहे खुशी अबाद
हृदय में तुम्हारे.....!!!!!
ये घुट-घुट कर
जीना नहीं मुझे....
मर जाऊँ मैं
मुस्कान आयेगी तुम्हें?
बतला दो मुझे

नादान समझ कर ही
एक बारी मुझे जरा....
तर्क-वितर्क नहीं करूगीं....
मुक्मल करूगीं मैं
तुम्हारी हर एक बात को.....!!!!!

बस इसके बाद रहना तुम
खिलखिलाते, हसतें , मुस्कुरातें.....
जीना तुम जैसे जीना है तुम्हेँ
ख्वाब है तुम्हेँ
वैसे जीना तुम,
मेरे मरने के बाद तुम
बस खुश रहना तुम.....!!!!!

34. तुम हो सिर्फ गुनाहों के देवता

तुम हो सिर्फ गुनाहों के देवता.......!!!!!
मुझे,,,,,
तुम्हारी सीता नहीं बनना,
नहीं देना मुझे तुम्हारे कहने पर
अग्नि परीक्षा....
क्योंकि,,,,,,
गुण नहीं तुममें मेरे राम-सा.....!!!!!
नहीं
बनना चाहूगीं मैं
तुम्हारी दुलारी राधा,
नहीं आना भाग कर मुझे
तुम्हारी धुन पर रास करने,
क्योंकि,,,,,
नहीं है तुममें
मेरे कान्हा-सा
पवित्र प्रेम.....!!!!!
नहीं करना मुझे
सती-सा हठ
नहीं कूदुंगीं मैं तुम्हारी खातिर
अग्नि कुंड में,
क्योंकि,,,,,
तुम नहीं महादेव से वैरागी

अभिनय करते नित्य
विरक्ति का तुम.....!!!!!
नहीं बनना मुझे
तुम्हारी ब्याहता रूक्मिणी-सी,
नहीं करूगीं विनती
तुम करो मेरा हरण,
क्योंकि,,,,,,
नहीं तुममें एक भी गुण
गीता के कृष्ण का......!!!!!
नहीं करूगीं मैं तुम्हारी खातिर
चौदह वर्ष का इंतज़ार उर्मिला बन कर,
क्योंकि,,,,,
नहीं तुममें अर्धांगिनी प्रेम
नहीं काटोगे तुम
किसी का अभिमान.....!!!!!
नहीं बनना मुझे
तुम्हारी जोगन,
जैसे मीरा थी कान्हा की जोगन,
नहीं करूगीं मैं
भजन तुम्हारी,
क्योंकि,,,,,
नहीं तुम मेरे मोहन से दयालु
नहीं करोगे तुम
विष को अमृत.....!!!!!
नहीं,,,,,,
नहीं ,मैं ये नहीं कहती की
तुम नहीं हो देवता.....
तुम हो..... हो तुम एक देवता ही
जिसे पूजा मैंने

मन से..... तन से नहीं....
किन्तु,,,,
निकले तुम गुनाहों के देवता ही.....!!!!

रहोगे तुम देवता ही
पूज्यनीय भी रहोगे ही
किन्तु,,,,,
स्मरण रहे...... हो तुम केवल एक
गुनाहों के देवता.....
जिसे फिक्र है सिर्फ
अपने अभिमान की
अपने रूतबे की,
जो साथ देता है
गुनहगारो का......
भण्डार है तुम्हारे पास
गुनाहों का......
तुम हो सिर्फ गुनाहों के देवता
कोष सम्पूर्ण है तुम्हारा
तुम्हारे गुनाहों से.....!!!!!

35. जानते हो तुम,,,,तुम कहाँ कहाँ हो

जानते हो तुम,,,,तुम कहाँ कहाँ हो.....!!!!!

मुझे छू कर गुजरने वाली हवाओं में तुम हो
बारिश की हर बूंद के एहसास में बसे हो तुम
इन महकती इठलाती फूलों की कलियों में
तुम ही हो....
ओंस की कोमल बूंदों में परछाई हैं तुम्हारी.....!!!!!
मेरे गुजरते हुए लम्हों में हो तुम
मेरी यादों में तुम्हारा ही बसेरा है
मेरे दिल की धड़कन में
मेरी हर सांसों में
मेरे ख्यालों में तुम ही हो
मेरे एहसासों में तुम हो
मेरे मन मष्तिष्क हर जगह तुम ही हो
मेरे रोम रोम में बस चुके हो तुम.....!!!!!

इस तन्हा सर्द रातों में
सुबह की खिलती धूप में
पिघलते सूरज में
चांदनी रातो में सिर्फ और सिर्फ तुम ही हो.....!!!!!

मेरे हथेलियों पर रची मेहंदी की खुश्बूओं में

मेरे गालों की लाली में
मेरी आँखों के चमक में
मेरे होंठो की मुस्कान में तुम ही हो.....!!!!!

मेरे छलकते अश्कों में
मेरे विराह में
मेरी उदासियों में
मेरे इंतज़ार में तुम ही हो.....!!!!!
मेरे खामोशियों में
मेरे मौन में
मेरे इकरार में
मेरे प्रेम में
मेरे शब्दों में
और......
मेरी कविताओं में तुम ही हो.....

बस नहीं हो तो तुम
मेरी किस्मत में.....
मेरे हाथों की लकीरों में
और.... मेरी मांग की सिंदूर में....
तुम नहीं हो......!!!!!

36. हम मिलेंगें, जरूर मिलेंगें

हम मिलेंगें, जरूर मिलेंगें......!!!!!

जब सागर प्यासा हो दरिया की ओर रूखसत होगी

तब दरिया उसे बाहों में भर अपने अधरों से उसे सिंचेगी.....!!!!

जब चाँद ठंड से ठिठुर बर्फ-सा जम सूरज को पुकारेगा

तब सूरज उसे आलिंगन कर गर्माहट दे उसे फिर से चंचल

करेगा.....!!!!!

जब अग्नि, आग आग से सुलवा कर तप रही होगी

लहु सी लालिमा लिए अपनी हथेलियों पर अग्नि-जल को गूंज

करेगी

तब जल बरस उन पर उन्हें तृप्त करेगी.....!!!!!

जब कोयला सुलग सुलग अंगारे बन धधक रहें होगें

राख-बर्फ बन चादर-सा ढक हवाओं को आवाज देगी

तब हवायें शोर कर उन्हें अपनी शीतलता देगी.....!!!!!

जब चिता की अग्नि अपने में प्रज्ज्वलित होगी

स्वयं में लालिमा समेट भड़क तप रही होगी

तब मृत देह स्वयं लेट उसकी प्रज्ज्वल्ता को मंद करेगी.....!!!!!

जब पंछी नींड़ का निर्माण सूदूर तिनके ला घरौंदा-सा बनायेंगे

तूफान अपनी वेग की प्रचंडता से उन्हें उजाड़ेगा

तब तिनके तूफानों को ललकार युद्ध कर

एक नया रणनीति बना नई रीति चलायेंगे.....!!!!!

जब तूफान और बवंडर में भयंकर युद्ध छिड़ेगें

एक दुसरे को हरा,
स्वयं को प्रथम करने की चेष्टा में धरा को रक्त से सिंचेगें
तब धरा के जख्मों को देख अम्बर असीमित आंसू बहा
युद्ध को विराम देगा.....!!!!!

..... हाँ, हम तब ही मिलेगें जब ऐसी घटनाएं इस सृष्टि में
होगी.....
हम मिलेगें..... जरूर मिलेगें....!!!!!

37. तुम बस याद करना मेरे बंजारेपन को

तुम बस याद करना मेरे बंजारेपन को.......!!!!!
जब मैं मर
विदा होऊंगी
तुम्हारी दुनिया से
तुम कान्धा देने
जरूर आना.....
मेरी आत्मा तृप्ति के लिए.....!!!!!
बैठी रहूंगी रचा मेहंदी
मैं डोली में
तुम चूम उन हथेलियों के
अपने कुछ अश्क गिरा देना.....!!!!!
जो मैं कुछ कहने को करूंगी
मुंह मोड़ तुम
मुझे अनसुना कर जाना.....!!!!!

कुछ बोझ जो
बाकी रह गया तुम्हारे सीने में
उस दिन मुक्त हो जाओगे तुम
सम्पूर्ण बोझ से.....!!!!!
दे हाथ मेरा
किसी और के हाथों पर
अपना दायित्व पूर्ण कर तुम

स्वत्रंत हो जाना मुझसे

कर देना मुझे तुम

अपनी दुनिया से मुक्त.....!!!!!

मेरी भीगी पलकें

जब भी तुम्हें ढूँढगीं

तुम गुम हो मुझे भुलाना......!!!!!

कभी जो याद आऊँ मैं तुम्हें

तुम याद कर लेना

मेरी नादानियों को

मेरे बंजारेपन को.....

गुम हो जायेगी फिर

मेरी सभी यादें

तुम्हारे दिल से

तुम्हारे दिमाग से

और.... तुम्हारे मन से.....!!!!!

❧❧❧

38. लोगों को चुभ गयें तुम

लोगों को चुभ गयें तुम......!!!!!
इतना समर्पण भी ना था
मेरा तुम पर जितना
लोगों ने बांवरी माना था मुझे.....!!!!!
मेरे आंखों में तुम
इतना बसे भी ना थे
जितना चुभ गये तुम लोगो को.....!!!!!

मेरे दिल के धड़कनों में
इतना धड़कतें भी ना थे तुम
जितना खटक गयें तुम लोगो को.....!!!!!
इतना बसे भी ना थे तुम
मेरे मन मष्तिक में
जितना मुझसे उल्हाना किया था लोगो ने.....!!!!!
इस कदर रमी भी ना थी मैं
तुम्हारे प्रेम में
जो लोग मुझे
तुम्हारी जोगन पुकारने लगें

शिव ही कहा था मैंने तुम्हें
लोगों ने मेरे महादेव शब्द में भी
तुम्हें खोज जयकारें लगाने लगें.....!!!!!

कितनों को चुभ गया

मेरा तुम पर आकर्षित होना
कितनों को अब भी चुभ रहे
और ना जाने
कितनों को अब भी चुभोगे तुम.....!!!!!
साधारण-सी ही तो घटना थी ये
एक विरक्ति पर
एक चंचल स्त्री का
आकर्षण होना....
मुग्ध होना.....!!!!!
युगों से चली आई है
ये कहानी
वैराग्य पर मुग्ध होना.....
मैं भी हुई थी मुग्ध
तुम पर.....
जैसे एक सदी में हुई थी मुग्ध मेनका
तपस्वी विश्वामित्र पर
हाँ आकर्षित हुयी थी मैं
तुम्हारे वैराग्य पर
जैसे हुई थी
पार्वती महादेव पर......!!!!!

किन्तु,,,,
यहाँ भेद बड़ा है
उनका आकर्षण, उनका मुग्ध होना
परिवर्तित हुआ था
प्रेम में समर्पण में,
परिवर्तित हुआ था
एक आ-मिट कथा में
किन्तु मेरा आकर्षण तो

क्षणिक था ना.....
फिर क्यूँ, क्यूँ चुभ गया
हर किसी को मेरा आकर्षण.....!!!!!

ना विस्मृत करतें वे स्वयं
ना करने देतें मुझे,
स्मरण रखतें हैं वे हर पल
उड़ेल देतें हैं वे
सारे किस्से मेरे समक्ष.....!!!!!
ख्याल आता मुझे यूँ हीं
कभी होता हृदय तुम्हारा यदि कुछ नम्र
पिघलते तुम कुछ मेरे इस आकर्षण से
क्या होता फिर?
किस कदर चुभते तुम......?

मेरा आकर्षण क्षणिक था तुम पर
किन्तु लोगों की चुभन शाश्वत है
मेरा आकर्षण बहुतों को चुभ गया
यूँ बेवजह ही.....
जैसे प्रजापति दक्ष को चुभ गया था
शिव का प्रेम
सती का समर्पण
वैसे ही......
वैसे ही तुम चुभ गऐ बहुतों को....
किन्तु,,,
उनका प्रेम उनका समर्पण
वास्तविक था भ्रम नहीं
यहाँ पर तो मेरा आकर्षण ही भक्त था
फिर भी.....

फिर भी चुभ गऐ तुम.....!!!!!
मेरे आकर्षण में
प्रेम का अंश ही ना था
समर्पण से कोई सम्बन्ध ना था.....!!!!!
इस उम्र में आकर्षित होना
स्वाभाविक है
होता है अक्सर सबको ऐसा
गुनाह नहीं है ये
एक उम्र का पड़ाव है ये
एक प्रकृति प्रक्रिया है ये
फिर भी.....
फिर भी गुन्हेगार ठहराई गई मैं
चुभ गया मेरा आकर्षण
बहुतों को यूँ ही बेवजह ही
ना जाने क्यूँ......!!!!!

सभी होते हैं
आकर्षित किसी ना किसी से
फिर क्यूँ चुभ गयें तुम
बहुत को.....!!!!!
ना जाने किस कदर
पूजा था तुम्हें मैंने
अखर गये तुम बहुत को.....!!!!!
सोचती कभी यूँ ही बैठ मैं
होता जो, मुझे तुमसे प्रेम
तनिक भी....
और किस कदर चुभते तुम लोगो को
जब अब चुभते तुम इस कदर लोगो को.....!!!!!

सती का प्रेम था
मर कर भी जीवित है संसार में
मेरा आकर्षण था
मैं जीवित हो कर भी मृत्यु हूँ इस लोक में.....!!!!!

39. मैं और तुम,,,,, और ये सूनी रातें

मैं और तुम,,,,, और ये सूनी रातें......!!!!!

अच्छा सुनो,,,,

क्या तुम्हें मैं याद नहीं आती

जब खुले छत पर

अकेले शराब पीते हो.....

पहले तो मेरे साथ ही पीते थे

अब जब नहीं हूँ साथ मैं

तो क्या याद नहीं आती मैं.....

बिलकुल भी तुम्हे नहीं आती याद मेरी.....!!!!!

हम बैठते थे

अक्सर वहाँ

जहाँ से दिखता पूरा शहर

अंतिम पहर तक हम बैठे रहते

उस वक्त.....

इस सृष्टि पर

दो आसमान होते

सितारें बिखरे होते दो जगह

एक कृत्रिम आसमान

दुसरा प्रकृति आसमान.....

कृत्रिम होता नीचे

जहाँ चमकते सितारें होतें

घरो में जलते बिजली के,

और ऊपर होते
बिखरे सितारें, टूटतें सितारें
किसी बच्चे ने फेंक दिया हो मानों
जग भर पानी
बिखरें हैं कुछ ऐसे ऊपर सितारें.....!!!!!
मैं खोजती
प्रकृति सितारों में कोई चित्र
तुम बनाते आकर
कृत्रिम सितारों से कोई नया.....!!!!!
मैं
भूल जाती वर्तमान
तुम याद करते भूत.....!!!!!
तुम्हारी नजरें खोज लेतीं
उस मरघट का छोड़
जहाँ से उड़ रहा धुँआ
राख हुई अस्थियों का.....!!!!!
एक टक निहारते तुम
उस मरघट को
एक टक निहारती मैं तुमको.....!!!!!
कुछ दोहराते तुम मष्तिष्क में
अतीत की घटना को
कुछ पढ़ती मैं
आँखों को देख तुम्हारे.....!!!!!
तुम्हारे हाथ का वो
शराब का गिलास
घूमता रहता
मैं जोर कर थामें रहती
अपना वो शराब का गिलास.....!!!!!

ना कभी तुमने
बुलाया मुझे
ना कभी तुमनें
आवाज दिया मुझे
मैं स्वयं ही आ जाती थी
आखिरकार यही तो
वो पल होता था
जब तुम, तुम होते थे वास्तविक में.....!!!!!
इस दौरान हम
खामोश ही रहते
चुप बिल्कुल चुप
स्तम्भ रहती मैं.....!!!!!

40. कष्टकारी रहीं वो लम्हें

कष्टकारी रहीं वो लम्हें.....!!!!!

उस दिन
आखिरी जिक्र था तुम्हारा
जो मैंने की थी चांद से,
रोई भी थी मैं
खो कर मुस्कुराई भी थी मैं,
चुभे थे उसे भी तुम
कहा कुछ नहीं उसनें फिर भी
सुनता रहा वो मुझे
यूं हीं आंखें नम किये हुए......!!!!!
थाम हाथ उसका
रख कान्धे पर सर अपना
कही मैं सबकुछ,
किये मैंने कुछ शिकायतें तुम्हारी.....
वो अन्तिम उल्हाना थी मेरी....
अन्तिम प्रेम प्रदर्शन था मेरा.....!!!!!
आँखों में आंसू थे मेरे
फिर भी जुबान साथ दे रहे थे मेरे
शायद ज्ञात था उन्हें भी
है आज अन्तिम जिक्र
है आज सबकुछ अन्तिम.....!!!!!

रोया था चांद भी

संग मेरे
बिन जतलाये
क्यों रोया था वो?
वही जाने.....!!!!!

कहा मैंने
कहने दो मुझे आज सबकुछ
ना रोकना ना टोकना
ना उल्हाना देना
ना याद दिलाना मर्यादा....
आज अन्तिम संस्कार है
मेरे आकर्षण का
करने दो मुझे इसे
पूरे विधि-विधान से.....!!!!!

सिर हिला
समेट लिया उसने मुझे अपनी बाहों में
बिलख गई मैं
टूट कर भिगो दिया मैंने उसके वक्षस्थल
चूमकारता रहा दुलारती रहा वो मुबारक
मैं टूट रोती रही उसकी बाहों में......!!!!!
ऊगलियाँ थाम कहने लगा मुझसे
काश......
कोई चाहे मुझे तुमसा
टूट कर समर्पित होकर....
नहीं देखा मैंने ऐसा समर्पण
सीखा हूँ मैं तुमसे समर्पण.....
वादा करो तुम
रहोगी ऐसे ही समर्पित उससे भी

बनेगा जो अंग तुम्हारा......!!!!!
कुछ पल रूक वो
अपने आंसुओं को सम्भाल
जिक्र करने को किया तुम्हारा
अधरों पर रख ऊगलियाँ मैंने
कुछ ना कहने को कहा.....!!!!!
कहा मैंने
हो चुका अन्तिम संस्कार अब पूर्ण
मुक्त हो चुकी हूँ अब मैंमैं.....
बड़ी कष्टदायी रही
वो मेरा आकर्षण का अन्तिम संस्कार
ना लकड़ियाँ थी
ना अग्नि थी
फिर भी जल गया सबकुछ....
शेष नहीं बची कुछ भी अस्थियाँ
फिर भी जल में प्रवाहित हो गए मेरे भ्रम सारे...
लोगों का जमाव ना था
थी मेरे एहसासों की भीड़
विलाप करता रहा मेरा हृदय
बहती रही नदी अपनी ही धुन में......!!!!!

उस अन्तिम संस्कार के बाद
निष्ठुर हो चुकी मैं
जिक्र छोड़ो तुम
यदि जहन में आते
जो तुम हो
डूबो लेती मैं स्वयं को नशे में
इतना की......
ख्याल ना रहता मुझे स्वयं का.....

इतनी टूट जाती हूँ मैं
नशे में....
अपने सिवा याद ना रहता कोई.....!!!!!
बरस बीत गयें अब तो
तुम्हारा जिक्र करना
याद आ जाते कभी जो तुम
काबू ना कर पाती स्वयं के हर्ष का
भूल रही मैं तुम्हें
याद जो आते तुम अब......!!!!!!

41. एक रात की ख्वाहिश

"रात" गहरी-काली हो
खुला आसमान और एक आराम कुर्सी,
सामने एक मेज
जिस पर हो एक ब्रांडेड शराब की बोतलों के साथ
कुछ तीखी नमकीन और
एक बर्तन में कुछ बर्फ के टुकड़े,
साथ ही एक लाईटर भी हो
और एक महंगी सिगरेट की खुली पैक,
मेरे हाथ में एक काँच की गिलास
जो आधा भरी हो शराब से
और दुसरे हाथ में आधी
जली हुई सिगरेट
जिसकी धुंध आसमान की ओर
मेरे होठों से उड़ती हो,
मेरे पैर मेरे सामने वाले मेज पर
क्रॉस कर रखें हों
कोई ना हो रोकने-टोकने-देखने-सुनने वाला
और ना ही मेरे शराब-सिगरेट में
कोई हिस्सेदारी रखने वाला
कहीं दूर जलती रहे कोई मशाल
बस उसी की रोशनी रहे
ये चाँद-तारों की नहीं...!!!!!

42. कुछ देखना चाहती हूँ

कुछ देखना चाहती हूँ.....!!!!!
मरने के बाद
कोई आत्मा नहीं होती
हमारे करीब
हम बस
महसूस करते उन्हें
चाहते हम हद से ज्यादा जिन्हें
रखते जिन्हें पलकों पर दिल में......!!!!!

किन्तु मैं
नहीं दिखूंगी तुम्हें
मेरे मरने के बाद
क्योंकि,,,,,
मैं बसती तो नहीं तुम्हारे भीतर
करते नहीं जो प्रेम मुझसे
बसाते नहीं मुझे अपने हृदय में......!!!!!

फिर भी,,,,
फिर भी मैं चाहती हूँ
अपनी मृत्यु के बाद
कुछ पल आत्मा बन मैं
विचरण करूँ
जाऊँ वहाँ
जहाँ मिलेंगे मुझे

मेरे प्रश्नों के सटीक उत्तर.....!!!!!

इशारा कर कुछ मैं तुम्हें
तुमसे अपना जिक्र कराऊंगी
सुनुगीं मैं
क्या समझते हो तुम मुझे......!!!!!

जाऊंगी मैं चुपके से
तुम्हारे उस अस्तव्यस्त कमरे में
ढूँढ तुम्हारी डायरियों को मैं
बाचूंगी उन्हें
इस कल्पना से
शायद हो जिक्र मेरा इनमें कहीं.....
छपे होगें शब्द वहाँ
बिन गूढ़ बिन उर्दू के.......!!!!!

फिर जाऊंगी मैं
तुम्हारे दोस्तों के पास
छेड़ अपना जिक्र उनसे
सुनुगीं मैं वो शब्द
जो कहे होगें तुम मेरे लिए.....!!!!!
वादा जो किया था
रोज चांद को देखने का
निभा रहे तुम या यूंही
वक्त का फितूर था....
देखुंगीं ठहर कर मैं.......!!!!!

देखुंगीं तुम्हारा पर्स
चोरी के इरादे से

है मेरी तस्वीर उसपर या
बदल गई तस्वीर
नोटों की पुलनड़ियो की तरह.....!!!!!

जाऊंगी उस ओर भी
जो रोपे थे संग हमनें
वो तुलसी का नन्हा पौधा
सींचते हो की नहीं तुम उन्हें
पता लगाऊंगी देख उसे......!!!!!

फिर जाऊंगी उस कॉर्नर पर
जहाँ बैठ आधी रात तुम
पढ़ते हो मेरी किताब
रख उनमें
एक तश्वीर मेरी.......
देखुंगीं है तश्वीर वही पुरानी
या फिर बदल गई
उस किताब के कवर की तरह.......!!!!!

मेरी शार्ट स्टोरी, निबंध, कविता, लेख, हास्य रचना, मोटिवेशन प्वाइंट, समाजिक तत्वों पर लिखे कटाक्ष, संवाद लेखन आदि को पढ़ने के लिए Google पर Serach कीजिये #Ziddynidhi